In Form geblieben

Gedichte
englisch – deutsch
von

Alfred Edward Housman
Trumbull Stickney
Edward Thomas

ausgewählt, übersetzt
und mit Erläuterungen versehen von

Frank Freimuth

tredition

© 2019 Frank Freimuth (für Übersetzung und Erläuterungen)

Verlag & Druck:
tredition GmbH, Halenreie 40-44, 22359 Hamburg

ISBN
Paperback   978-3-7497-4712-2
Hardcover   978-3-7497-4713-9
e-Book   978-3-7497-4714-6

Erster Teil:
Gedichte

Alfred Edward Housman (1859 – 1936)

A SHROPSHIRE LAD II

Loveliest of trees, the cherry now
Is hung with bloom along the bough,
And stands about the woodland ride
Wearing white for Eastertide.

Now, of my threescore years and ten,
Twenty will not come again,
And take from seventy springs a score,
It only leaves me fifty more.

And since to look at things in bloom
Fifty springs are little room,
About the woodlands I will go
To see the cherry hung with snow.

Nun trägt die Kirsche, der schönste Baum,
an jedem Ast den Blütensaum,
und steht am Reiterweg bereit
im weißen Kleid zur Osterzeit.

Von siebzig Jahren, zugestanden,
kamen zwanzig schon abhanden,
zieh ich die von siebzig ab,
bleiben fünfzig bis zum Grab.

Um mich zu laben an dem Traum
sind fünfzig Maien wenig Raum,
so werd ich durch das Waldland gehen,
um Kirschen schneebedeckt zu sehen.

A Shropshire Lad, XXIII

The lads in their hundreds to Ludlow come in for
    the fair,
There's men from the barn and the forge and the mill
    and the fold,
The lads for the girls and the lads for the liquor
    are there,
And there with the rest are the lads that will never be old.

There's chaps from the town and the field and the till
    and the cart,
And many to count are the stalwart, and many the brave,
And many the handsome of face and the handsome of heart,
And few that will carry their looks or their truth to the grave.

I wish one could know them, I wish there were tokens
    to tell
The fortunate fellows that now you can never discern;
And then one could talk with them friendly and wish
    them farewell
And watch them depart on the way that they will not
    return.

But now you may stare as you like and there's nothing
    to scan;
And brushing your elbow unguessed-at and not to be told
They carry back bright to the coiner the mintage of man,
The lads that will die in their glory and never be
    old.

A SHROPSHIRE LAD, XXIII

Zu Hunderten kommen die Burschen nach Ludlow
    zum Rummel,
die Männer aus Scheune und Schmiede und Mühle
    und Stall;
die Kerle für Mädchen und jene für Schnaps sind
    auf Bummel,
und dann gibt es jene, die kommen sehr früh schon zu Fall.

Von Karren und Feld und aus Stadt und von Geld
    und Kommerz,
und mancher von ihnen ist kräftig und mancher ein Held,
und viele sind schön im Gesicht und so mancher im Herz,
und mancher bleibt wahrhaft und schön bis er fällt.

Ich wünsch mir ein Zeichen, ich wünschte, man könnte
    sie finden,
die glücklichen Kerle, die jetzt nicht ein Wesen erkennt,
und freundlich das Wort an sie richten, sie auf immer
    entbinden,
und sie mit Blicken begleiten des Weges, der alles
    durchtrennt.

Es hilft nicht zu starren und hilft auch kein musternder
    Blick,
du wirst die dich streifen nicht kennen, sie machen nicht Halt,
sie bringen noch glänzend dem Münzer die Prägung zurück,
sie sterben im Ruhm, diese Burschen, und sie werden
    nicht alt.

On Wenlock Edge the wood's in trouble;
His forest fleece the Wrekin heaves;
The gale, it plies the saplings double,
And thick on Severn snow the leaves.

'Twould blow like this through holt and hanger
When Uricon the city stood:
'Tis the old wind in the old anger,
But then it threshed another wood.

Then, 'twas before my time, the Roman
At yonder heaving hill would stare:
The blood that warms an English yeoman,
The thoughts that hurt him, they were there.

There, like the wind through woods in riot,
Through him the gale of life blew high;
The tree of man was never quiet:
Then 'twas the Roman, now 'tis I.

The gale, it plies the saplings double,
It blows so hard, 'twill soon be gone:
To-day the Roman and his trouble
Are ashes under Uricon.

Bei Wenlock Edge ist Not im Wald,
der Wrekin hebt sich, senkt sich wieder,
der Sturm erwischt den Schößling kalt
und Blattschnee geht auf Severn nieder.

Er blies schon damals durch die Flanken
als Uricon, die Stadt, noch stand,
der alte Wind, auch ohne Schranken,
der anderen Wald als Gegner fand.

Es waren Römer, die vor mir
gebannt auf diese Hebung starrten;
das Blut, das wärmte, war schon hier,
und die Gedanken, die sie narrten.

So wie der Wind den Wald in Wut
blies Lebenssturm sie, der nicht wich,
damit der Menschenbaum nicht ruht,
die Römer nicht, und auch nicht ich.

Der Sturm erwischt den Schößling kalt,
er bläst so stark, doch schwindet schon,
was Römer sorgte, ist schon alt
und Asche unter Uricon.

A SHROPSHIRE LAD, XXXVI

White in the moon the long road lies,
The moon stands blank above;
White in the moon the long road lies
That leads me from my love.

Still hangs the hedge without a gust,
Still, still the shadows stay:
My feet upon the moonlit dust
Pursue the ceaseless way.

The world is round, so travellers tell,
And straight though reach the track,
Trudge on, trudge on, 'twill all be well,
The way will guide one back.

But ere the circle homeward hies
Far, far must it remove:
White in the moon the long road lies
That leads me from my love.

A Shropshire Lad, XXXVI

Im weißen Mondlicht liegt der Weg,
der Mond - ein kahler Ort;
im weißen Mondlicht liegt der Weg,
führt von der Liebe fort.

Die Hecken still, kein leiser Wind,
die Schatten bleiben lang,
wo Staub und Stein beleuchtet sind,
verfolgen Füße ihren Gang.

Die Welt ist rund, sagt der Tourist
und findet dennoch schnell die Spur,
Geh du nur zu, wo du auch bist,
der Weg führt dich retour.

Doch erst führt er nur weiter weg,
lenkt er an manchen Ort;
im weißen Mondlicht liegt der Weg,
führt von der Liebe fort.

A SHROPSHIRE LAD XL

Into my heart an air that kills
From yon far country blows:
What are those blue remembered hills,
What spires, what farms are those?

That is the land of lost content,
I see it shining plain,
The happy highways where I went
And cannot come again.

A Shropshire Lad XL

Todbringend in mein Herz weht sie,
die Brise aus dem fernen Land:
Welch blaue Hügel Nostalgie,
welch Türme mein Gedächtnis fand?

Es ist das Land, das mich umfing,
ich seh es lichtervoll,
die Wege, die ich glücklich ging,
und nie mehr gehen soll.

A Shropshire Lad LIV

With rue my heart is laden
For golden friends I had,
For many a rose-lipt maiden
And many a lightfoot lad.

By brooks too broad for leaping
The lightfoot boys are laid;
The rose-lipt girls are sleeping
In fields where roses fade.

A SHROPSHIRE LAD LIV

Mein Herz will sie nicht lösen
die Bande, doch es muss,
zu Mädchen mit Lippen wie Rosen
und Burschen mit leichtem Fuß.

Der Bach, zu breit zum Springen,
säumt leichter Füße Rast,
ein Feld, wo Rosen verklingen,
hat Rosenlippen zu Gast.

He stood, and heard the steeple
    Sprinkle the quarters on the morning town.
One, two, three, four, to market-place and people
    It tossed them down.

Strapped, noosed, nighing his hour,
    He stood and counted them and cursed his luck;
And then the clock collected in the tower
    Its strength, and struck.

Da stand er und hörte die Glocken
    die Häuser bestreuen mit Viertelschlägen.
Eins, zwei, drei, vier, so kamen die Brocken
    hinunter auf Markt und die Wägen.

Die Schlinge am Hals, wartend auf Stocken,
    versuchte er den Schlag zu deuten,
und schließlich fanden die Glocken
    zur Stärke und begannen zu läuten.

The night is freezing fast,
　　To-morrow comes December;
　　　　And winterfalls of old

Are with me from the past;
　　And chiefly I remember
　　　　How Dick would hate the cold.

Fall, winter, fall; for he,
　　Prompt hand and headpiece clever,
　　　　Has woven a winter robe,
And made of earth and sea
　　His overcoat for ever,
　　　　And wears the turning globe.

Die Nacht wird plötzlich kalt,
    Dezember kommt schon morgen,
        als mich Erinnerung erfasst;
als wär die Sache nicht schon alt
    und jetzt die größte meiner Sorgen,
        wie Dick die Kälte hasst.

Komm, Winter, komm, denn er
    geschickt und findig, wie er war,
        hat sich ein Winterkleid erdacht;
er webte sich aus Land und Meer
    ein Mäntelchen, sehr schick sogar,
        und trägt die Erde Tag und Nacht.

EPITAPH ON AN ARMY OF MERCENARIES

These, in the day when heaven was falling,
The hour when earth's foundations fled,
Followed their mercenary calling
And took their wages and are dead.

Their shoulders held the sky suspended;
They stood, and earth's foundations stay;
What God abandoned, these defended,
And saved the sum of things for pay.

LAST POEMS XXXVII
GRABSCHRIFT FÜR EIN SÖLDNERHEER

An jenem Tage, als der Himmel brach
und alles, was die Erde hält, zerfiel,
gingen sie dem Ruf des Soldes nach
und nahmen einen Lohn zu viel.

Der lose Himmel lag auf ihrem Schild,
sie standen und mit ihnen steht die Welt,
sie hielten fest, was Gott nicht hielt,
der Dinge Ganzes rettend für Entgelt.

Tell me not here, it needs not saying,
What tune the enchantress plays
In aftermaths of soft September
Or under blanching mays,
For she and I were long acquainted
And I knew all her ways.

On russet floors, by waters idle,
The pine lets fall its cone;
The cuckoo shouts all day at nothing
In leafy dells alone;
And traveller's joy beguiles in autumn
Hearts that have lost their own.

On acres of the seeded grasses
The changing burnish heaves;
Or marshalled under moons of harvest
Stand still all night the sheaves;
Or beeches strip in storms for winter
And stain the wind with leaves.

Possess, as I possessed a season,
The countries I resign,
Where over elmy plains the highway
Would mount the hills and shine,
And full of shade the pillared forest
Would murmur and be mine.

Erzählt mir nichts, ihr müsst nicht nennen
die Zaubertöne, die sie singt,
sei es nach Milde im September,
sei es, wenn Mai das Leuchten bringt,
denn sie und ich sind alte Freunde,
ich wusste stets, wohin sie springt.

Auf braune Böden, nah am Wasser
hört man die Kiefernzapfen prallen,
der Kuckuck lässt den langen Tag
im Blätterwald den Ruf verhallen,
und denen, die den Mut verloren,
lässt Wanderlust die Gram zerfallen.

Auf Feldern hebt gesätes Gras
sich ab vom Grund wie glatter Tüll,
geordnet unter Erntemonden
steht nachts die Garbenreihe still,
was Buchen für den Winter geben
nimmt kalter Wind sich mit Gebrüll.

Besitze, wie ich kurz besaß,
die Länder, die ich lasse,
wo hoch durch Buchenhügel steigt
die leuchtend-helle Straße,
und schattenreich der hohe Forst
stets murmelt längs der Trasse.

For nature, heartless, witless nature,
Will neither care nor know
What stranger's feet may find the meadow
And trespass there and go,
Nor ask amid the dews of morning
If they are mine or no.

Denn geist- und herzlos ist Natur,
sie weiß und sorgt sich nicht,
welch fremder Fuß die Wiese findet
und ihre Halme bricht,
noch fragt sie sich im Morgentau
ob mir an ihm gebricht.

Stars, I have seen them fall,
But when they drop and die
No star is lost at all
From all the star-sown sky.
The toil of all that be
Helps not the primal fault;
It rains into the sea,
And still the sea is salt.

Sterne, viele sah ich fallen,
doch wenn sie dann vergingen,
war immer noch der Schein von allen
bei denen, die am Himmel hingen.
Wir alle plagen uns oft schwer,
doch bleibt's, wie man es immer sah,
der Regen fällt ins Meer,
das Salz ist trotzdem da.

Give me a land of boughs in leaf,
A land of trees that stand;
Where trees are fallen, there is grief;
I love no leafless land.

Alas, the country whence I fare,
It is where I would stay;
And where I would not, it is there
That I shall be for aye.

And one remembers and forgets,
But 'tis not found again,
Not though they hale in crimsoned nets
The sunset from the main.

Gebt mir ein Land mit grünen Trieben,
ein Land, wo Bäume stehen,
Gram ist, wo Bäume liegen blieben,
dorthin mag ich nicht gehen.

Jedoch, das Land, das wir verlassen,
ist das, wo ich gern wohnte,
und das, wo sie mich bleiben lassen,
ist das, das keinem lohnte.

Und man erinnert und verliert,
doch findet es nicht mehr,
auch nicht, wenn man zu heben giert
das Abendrot im weiten Meer.

Tarry, delight, so seldom met,
So sure to perish, tarry still;
Forbear to cease or languish yet,
Though soon you must and will.

By Sestos town, in Hero's tower,
On Hero's heart Leander lies;
The signal torch has burned its hour
And sputters as it dies.

Beneath him, in the nighted firth,
Between two continents complain
The seas he swam from earth to earth
And he must swim again.

Verweile, Wonne, du bist so rar,
du Todgeweihte, bleibe noch,
nicht welken lass, was göttlich war,
in Bälde lahmst und gehst du doch.

Bei Sestos hinter Heros Wand
liegt er, Leander, ihr am Herzen,
das Führungslicht ist abgebrannt
und siecht dahin wie alle Kerzen.

Darunter, neben schwarzem Strand,
wacht jenes Meer, das sie entzweit,
das er durchschwamm von Land zu Land,
und ist zum Trennen schon bereit.

How clear, how lovely bright,
How beautiful to sight
Those beams of morning play;
How heaven laughs out with glee
Where, like a bird set free,
Up from the eastern sea
Soars the delightful day.

To-day I shall be strong,
No more shall yield to wrong,
Shall squander life no more;
Days lost, I know not how,
I shall retrieve them now;
Now I shall keep the vow
I never kept before.

Ensanguining the skies
How heavily it dies
Into the west away;
Past touch and sight and sound
Not further to be found,
How hopeless under ground
Falls the remorseful day.

Wie klar, welch schönes Licht,
die morgendliche Sicht,
wenn sich die Strahlen zeigen;
wie lacht der Himmel frei heraus,
wo, wie ein Vogel ohne Haus,
vom Wasser tief im Osten aus
die Stunden herrlich steigen.

Heut bin ich stark genug,
nicht mehr soll mir zum Trug
das Leben sich entziehen;
die Zeit, verloren, weiß nicht wie,
heute finde, greif ich sie;
den alten Schwur, gehalten nie,
ich werde ihn vollziehen.

Er füllt den Himmel rot
und stirbt den schweren Tod,
im Westen liegt sein Grab;
jenseits von allen Sinnen,
nicht wieder zu gewinnen,
wie Wasser, die verrinnen
sinkt reuevoll der Tag.

Because I liked you better
Than suits a man to say,
It irked you, and I promised
To throw the thought away.

To put the world between us
We parted, stiff and dry;
'Good-bye,' said you, 'forget me.'
'I will, no fear', said I.

If here, where clover whitens
The dead man's knoll, you pass,
And no tall flower to meet you
Starts in the trefoiled grass,

Halt by the headstone naming
The heart no longer stirred,
And say the lad that loved you
Was one that kept his word.

Weil ich dich viel mehr mochte
als ratsam war zu sagen,
musst ich dir fest geloben,
dem Wunsche zu entsagen.

Um Wälle zu errichten,
die Trennung steif, fast derb;
„Leb wohl", so du, „vergiss mich".
„Sei unbesorgt", ich herb.

Wenn du, wo Klee verbleicht,
vorübergehst am letzten Haus,
und dich kein langer Spross begrüßt,
keimend aus dem Klee heraus,

dann mache an der Inschrift Halt,
die das nun stille Herz besprach,
und sag, dass der dich liebte
was er gelobte niemals brach.

Smooth between sea and land
Is laid the yellow sand,
And here through summer days
The seed of Adam plays.

Here the child comes to found
His unremaining mound,
And the grown lad to score
Two names upon the shore.

Here, on the level sand,
Between the sea and land,
What shall I build or write
Against the fall of night?

Tell me of runes to grave
That hold the bursting wave,
Or bastions to design
For longer date than mine.

Shall it be Troy or Rome
I fence against the foam,
Or my own name, to stay
When I depart for aye?

Glatt zwischen See und Land
liegt hier der gelbe Sand
und in der ganzen Sommerszeit
ist Adams Saat zum Spiel bereit.

Hier spielen kindliche Gestalten,
bauen Hügel, die nicht halten;
ein junger Bursche ritzt in Sand
den Namen derer, die er fand.

Hier, auf dem platten Sand,
mitten zwischen See und Land,
was soll ich bauen oder schreiben,
damit die Tage Tage bleiben?

Welche Runen soll ich graben,
die mehr als Wellendauer haben,
wie sind die Formen der Bastionen,
die länger als ich selber thronen?

Ob der Wall um Troja geht,
das der Brandung widersteht,
gibt er dem Namenszug Bestand,
wenn ich selbst das Ende fand?

Nothing: too near at hand,
Planing the figure sand,
Effacing clean and fast
Cities not built to last
And charms devised in vain,
Pours the confounding main.

Nichts davon: zu nah der Hand
und ebnend den Gestaltensand,
erlöschend, eh man sich verschaut,
die Städte, nur auf Sand gebaut,
Talismane, wahn-erdacht,
verwischt das weite Meer mit Macht.

When the bells justle in the tower
The hollow night amid,
Then on my tongue the taste is sour
Of all I ever did.

Wenn Glocken drängeln nächst der Mauer,
dazwischen leere Nacht,
wird mir die Zunge sauer
von dem, was ich gemacht.

Trumbull Stickney (1874 – 1904)

IN AMPEZZO

Only once more and not again--the larches
Shake to the wind their echo, "Not again,"--
We see, below the sky that over-arches
Heavy and blue, the plain

Between Tofana lying and Cristallo
In meadowy earths above the ringing stream:
Whence interchangeably desire may follow,
Hesitant as in dream,

At sunset, south, by lilac promontories
Under green skies to Italy, or forth
By calms of morning beyond Lavinores
Tyrolward and to north:

As now, this last of latter days, when over
The brownish field by peasants are undone
Some widths of grass, some plots of mountain clover
Under the autumn sun,

With honey-warm perfume that risen lingers
In mazes of low heat, or takes the air,
Passing delicious as a woman's fingers
Passing amid the hair;

IN AMPEZZO

Nur einmal noch kommt das „Nicht mehr",
schütteln Lärchen dieses Echo in den Wind,
und sehen wir im Bogen, blau und schwer,
des Himmels Böden, die darunter sind,

zwischen der Tofana und Cristallo liegend
in Wiesengründen über Klingelflüssen:
daraus vielleicht gemäße Sehnsucht fliegend,
mit Zögern, wie auf Träumerfüßen,

am Abend, südlich, am Aufschwung des Cadores
unter grünem welschem Himmel, oder fort
in Morgenstille hinterm Lavinores,
hin nach Tirol und weiter Richtung Nord:

da nun, wo auch der letzte späte Tag vergeht,
der Bauer braungetönte Felder abarbeitet
und mäht, wo Gras und Bergklee steht
und sich die Sonne herbstlich breitet,

mit Honigduft, der dich umschwebt und lau
in warmem Labyrinth zum Atem reicht,
wie zartes Gleiten, mit dem eine Frau
dir mit den Fingern durch die Haare streicht;

When scythes are swishing and the mower's muscle
Spans a repeated crescent to and fro,
Or in dry stalks of corn the sickles rustle,
Tangle, detach and go,

Far thro' the wide blue day and greening meadow
Whose blots of amber beaded are with sheaves,
Whereover pallidly a cloud-shadow
Deadens the earth and leaves:

Whilst high around and near, their heads of iron
Sunken in sky whose azure overlights
Ravine and edges, stand the gray and maron
Desolate Dolomites,--

And older than decay from the small summit
Unfolds a stream of pebbly wreckage down
Under the suns of midday, like some comet
Struck into gravel stone.

Faintly across this gold and amethystine
September, images of summer fade;
And gentle dreams now freshen on the pristine
Viols, awhile unplayed,

wenn Sensen zischen und Mäher mit Kraft
den Bogen spannen im Vor und Zurück,
wenn die Sichel ins Korn rauscht aus trockenem Schaft,
sich fängt und löst und geht mit Klick,

weit durch den blauen Tag und grüne Wiesen,
wo Garben sich als Bernsteinperlen geben,
und Wolkenschatten, die darüber fließen,
ein dunkles Tuch um Grund und Blätter weben:

indessen nah die Häupter wie aus Eisen
im Himmel stecken wie die Pyramiden
und ihre Schluchten und die Pfeiler gleißen
der bräunlich-grauen, öden Dolomiten, -

und sich ergießt von einer schmalen Spitze
Geröll in Strömen, älter als Verfallensein,
wie ein Komet hinunter in der Mittagshitze
und schlägt im Schotterbecken ein.

Und nun verblassen sachte Sommerbilder
die goldgefärbter Amethystenherbst verhielt,
und sanfte Träume werden wieder stärker
auf edlen Gamben, lange nicht bespielt,

[53]

Of many a place where lovingly we wander,
More dearly held that quickly we forsake,--
A pine by sullen coasts, an oleander
Reddening on the lake.

And there, each year with more familiar motion,
From many a bird and windy forestries,
Or along shaking fringes of the ocean,
Vapours of music rise.

From many easts the morning gives her splendour;
The shadows fill with colours we forget;
Remembered tints at evening grow tender,
Tarnished with violet.

Let us away! soon sheets of winter metal
On this discoloured mountain-land will close,
While elsewhere Spring-time weaves a crimson petal,
Builds and perfumes a rose.

Away! for here the mountain sinks in gravel.
Let us forget the unhappy site with change,
And go, if only happiness be travel
After the new and strange:--

von manchem Winkel, wo wir wandern,
innigst erinnernd und so schnell verlassend, -
am trüben Ufer eine Kiefer, und Oleander,
den See sich röten lassend.

Und hier, von Jahr zu Jahr uns mehr vertraut,
von Vögeln und aus manchem Waldesstück,
und auch vom Meer, das seine Wogen baut,
erheben sich die Dämpfe von Musik.

Aus vielen Osten schickt der Morgen Pracht
die Schatten nehmen schnell vergessene Farben mit,
das Abendrot hat sich im Rückblick sanft gemacht,
deckt sich mit mattem Violett.

Nur weg von hier! Bald wird ein Wintertuch gelegt,
das sich metallen um entfärbte Berge hüllt,
wogegen anderswo der Frühling Blüten webt,
und sie mit Rosenduft erfüllt.

Nur weg! Weil das Gebirge im Geröll versinkt.
Vergessen wir den Unglücksort im Gehen,
und lassen wir, so dies Erfüllung bringt,
sie uns im Neuen, Fremden sehen: -

Unless 'twere better to be very single,
To follow some diviner monotone,
And in all beauties, where ourselves commingle,
Love but a love, but one,

Across this shadowy minute of our living,
What time our hearts so magically sing,
To meditate our fever, simply giving
All in a little thing?

Just as here, past yon dumb and melancholy
Sameness of ruin, while the mountains ail,
Summer and sunset-coloured autumn slowly
Dissipate down the vale;

And all these lines along the sky that measure
Sorapis and the rocks of Mezzodi
Crumble by foamy miles into the azure
Mediterranean sea:

Whereas to-day at sunrise, under brambles,
A league above the moss and dying pines
I picked this little--in my hand that trembles--
Parcel of columbines.

Es wär' denn besser, wir wären kaum umlebt,
dass uns das Monoton als Gott erscheine,
und wir vom Schönen, das uns einbezieht
nur eine Liebe lieben, nur die eine,

für diesen kurzen Schatten, den wir leben,
die Zeit, die unsere Herzen magisch singen,
dass wir das Fieber messen, alles geben
in eines nur von allen Dingen?

So wie auch hier, vorbei an stumpfer Traurigkeit,
mit der die kranken Berge am Vergehen leiden,
sich abendroter Herbst und Sommerzeit
ins Tal hinab zergleiten;

und all die Himmelsstriche, die als Saum
Sorapiss und Mezzodi-Fels bemessen,
zerbröckeln auf dem Weg aus Schaum,
der blauen See zum Fressen:

wogegen ich im Morgengrau mit Zitterhand,
schon hoch, an Moos und Kieferntod vorbei,
versteckt in Hecken dieses Sträußchen fand
von blauer Alpenakelei.

MNEMOSYNE

It's autumn in the country I remember.

How warm a wind blew here about the ways!
And shadows on the hillside lay to slumber
During the long sun-sweetened summer-days.

It's cold abroad the country I remember.

The swallows veering skimmed the golden grain
At midday with a wing aslant and limber;
And yellow cattle browsed upon the plain.

It's empty down the country I remember.

I had a sister lovely in my sight:
Her hair was dark, her eyes were very sombre;
We sang together in the woods at night.

It's lonely in the country I remember.

The babble of our children fills my ears,
And on our hearth I stare the perished ember
To flames that show all starry thro' my tears.

It's dark about the country I remember.

MNEMOSYNE

Herbst ist's im Land, an das ich denke.

Wie warm der Wind war, der dort blies!
Und wie die Schatten an den Hängen schliefen,
als süßes Licht dem Tag Bestand verhieß.

Kalt ist's im Land, an das ich denke.

Die Schwalben segelten weit über goldenem Korn
zur Mittagszeit mit schrägen und behänden Flügeln,
und auf der Fläche zeigte gelbes Vieh das Horn.

Leer ist das Land, an das ich denke.

Die schöne Schwester konnte nahe sein,
ihr schwarzes Haar, die tiefen, dunklen Augen;
wir sangen nachts zusammen leis im Hain.

Einsam das Land, an das ich denke.

Das Plappern unsrer Kinder füllt mein Ohr,
ich starre auf verloschene Glut im Ofen
und stell in Tränen mir die Sterne vor.

Finster das Land, an das ich denke.

There are the mountains where I lived. The path
Is slushed with cattle-tracks and fallen timber,
The stumps are twisted by the tempests' wrath.

But that I knew these places are my own,
I'd ask how came such wretchedness to cumber
The earth, and I to people it alone.

It rains across the country I remember.

Der Weg, der bergwärts, wo ich lebte, geht
ist voll von Rinderspuren und gefallnen Bäumen,
die Stümpfe hat der Sturm aus Wut verdreht.

Wenn ich nicht wüsste, dieses Land ist mein,
dann fragte ich, wie kann solch Kümmernis beladen
das Land, und mich, mit Dort-alleine-Sein.

Der Regen fällt im Land, an das ich denke.

LIVE BLINDLY AND UPON THE HOUR

Live blindly and upon the hour. The Lord,
Who was the Future, died full long ago.
Knowledge which is the Past is folly. Go,
Poor child, and be not to thyself abhorred.

Around thine earth sun-wingèd winds do blow
And planets roll; a meteor draws his sword;
The rainbow breaks his seven-coloured chord
And the long strips of river-silver flow:

Awake! Give thyself to the lovely hours.
Drinking their lips, catch thou the dream in flight
About their fragile hairs' aërial gold.
Thou art divine, thou livest,—as of old
Apollo springing naked to the light,
And all his island shivered into flowers.

LEB BLIND DEIN LEBEN

Leb blind dein Leben, lass die Stunden kommen,
der Herr, die Zukunft, starb vor langer Zeit,
verrückt ist Wissen, die Vergangenheit.
Du armes Kind, sei dir nicht selber abgenommen.

Um deine Erde bläst der Sonnenflügelwind,
Planeten rollen, ein Meteor, den Degen in der Hand,
der Regenbogen bricht sein Siebenfarbenband,
der Fluss zieht Streifen, die aus Silber sind.

Wach auf! Lern dich den schönen Stunden hinzugeben.
Trink ihre Lippen, fang den Traum im Flug
um ihrer zarten Lippen dünnes Gold.
Gottgleich lebst du, Apollo ist dir hold,
den nackter Sprung ins Sonnenleuchten trug
und seine ganze Insel ließ zu Blumen beben.

Be still. The Hanging Gardens were a dream
That over Persian roses flew to kiss
The curlèd lashes of Semiramis.
Troy never was, nor green Skamander stream.

Provence and Troubadour are merest lies
The glorious hair of Venice was a beam
Made within Titian's eye. The sunsets seem,
The world is very old and nothing is.

Be still. Thou foolish thing, thou canst not wake,
Nor thy tears wedge thy soldered lids apart,
But patter in the darkness of thy heart.
Thy brain is plagued. Thou art a frighted owl
Blind with the light of life thou 'ldst not forsake,
And Error loves and nourishes thy soul.

Sei still. Der Hängegarten war ein Traum,
der Persiens Rosen unter sich beließ
und schwebend küsste die Semiramis.
Es gab nie Troja, nie den grünen Strom.

Die Sänger der Provence, nur reine Lügen,
das Haar der Venus, nichts als Glanz
in Tizians Augen. Abendröte ist Popanz.
Die Welt ist alt und alle Dinge trügen.

Sei still. Du Törichte, nicht Aufgewachte,
der Tränen nicht verklebte Lider spalten,
du musst im Herzensdunkel Schwätzchen halten.
Du geistgeplagte und erschreckte Eule,
hältst fest am Lebenslicht, das Blindheit brachte
und Irrtum liebt und füttert deine Seele.

THE MELANCHOLY YEAR

The melancholy year is dead with rain.
Drop after drop on every branch pursues.
From far away beyond the drizzled flues
A twilight saddens to the window pane.

And dimly thro' the chambers of the brain,
From place to place and gently touching, moves
My one and irrecoverable love's
Dear and lost shape one other time again.

So in the last of autumn for a day
Summer or summer's memory returns.
So in a mountain desolation burns
Some rich belated flower, and with the gray
Sick weather, in the world of rotting ferns
From out the dreadful stones it dies away.

Schwermütig stirbt das Jahr im Regen.
Die Äste geben sich die Tropfen weiter
und Zwielicht, weit hinter dieser Regenleiter,
lässt auf die Fensterscheiben Trauer legen.

Und trübe streicht durch mein Gehirn
von Platz zu Platz in mäßigem Geschiebe
der teure Umriss unrettbarer Liebe
und faltet mir ein letztes Mal die Stirn.

So kehrt im späten Herbst für einen Tag
der Sommer selbst in meinen Geist zurück.
Manch reicher Blume, lange nicht im Blick,
bereitet Schwermut nun auf einen Schlag
in einem Berge brennend ihr Geschick
inmitten faulen Farns, der grauem Nass erlag.

HE SAID: „IF IN HIS IMAGE I WAS MADE"

He said: "If in his image I was made,
I am his equal and across the land
We two should make our journey hand in hand
Like brothers dignified and unafraid."

And God that day was walking in the shade.
To whom he said: "The world is idly planned,
We cross each other, let us understand
Thou who thou art, I who I am," he said.

Darkness came down. And all that night was heard
Tremendous clamour and the broken roar
Of things in turmoil driven down before.
Then silence. Morning broke, and sang a bird.
He lay upon the earth, his bosom stirred;
But God was seen no longer any more.

ER SAGTE: "BIN ICH NACH SEINEM BILD GEMACHT"

„Bin ich nach seinem Bild gemacht", so er,
„bin ich ihm gleich und durch das ganze Land
gebührte uns zu reisen Hand in Hand,
furchtlos und würdig, Brüder, gleich woher."

Zu Gott, im Schatten gehend, sagte er
„So ungeschickt ist diese Welt geplant,
wir treffen uns, wir sind im gleichen Land -
verstehen, wer wir sind, das fällt mir schwer".

Es wurde dunkel, nächtens hörte man
ein Schreien und gebrochenes Rumoren
aus einem Aufruhr kurz zuvor geboren.
Dann war es still. Ein Morgenvogel sang.
Er lag am Boden, Atmen dann und wann,
doch Gott schien ein für alle Mal verloren.

Chide me not, darling, that I sing
Familiar thoughts and metres old:
Nay, do not scold
My spirit's childish uttering.

I know not why't is that or this
I murmur to you thus or so:
Only I know
It throbs across my silences,

It blows over my heart, a long
Infinite wind, again, again!
Again! and then
My life kneels down into a song.

ANBETUNG

Sei nicht böse, Liebling, dass ich singe
als wär's ein abgedroschenes Gedicht,
nein, nein, beklage nicht
was ich so kindisch rüberbringe.

Es ist vielleicht gar nicht mein Wille
was mein Gemurmel so bemisst,
was ich nur sicher weiß, das ist
es hämmert gegen meine Stille,

Es bläst ein langer Wind mein Herz entlang,
unentwegt haucht er es an
weht er an mir und irgendwann
kniet sich mein Leben zum Gesang.

FIDELITY

Not lost or won but above all endeavour
Thy life like heaven circles around mine;
Thy eyes it seems upon my eyes did shine
        Since forever.

For aught he summon up his earliest hour
No man remembers the surprise of day,
For where he saw with virgin wonder play
        The first flower.

And o'er the imagination's last horizon
No brain has leaning descried nothing more:
Still there are stars and in the night before
        More have arisen.

Not won or lost is unto thee my being;
Our eyes were always so together met.
If mine should close, if ever thine forget,
        Time is dying.

TREUE

Nicht gewonnen, nicht verloren, jenseits des Bestrebens
kreisen deine Sterne um die meinen
und meine Augen sind beschienen von den deinen
      seit Anbeginn des Lebens.

Denn wandert Rückschau zum ersten Atemzug
erinnert niemand sich des Zaubers dieser Stunde,
als er die erste Blume in der wundersamen Runde
      erblickte und nicht hinterfrug.

Und hat kein Geist, der je Gedachtes überklommen,
mehr sagen können als das schon Gesagte:
Es gibt noch Sterne, und bevor der Morgen tagte
      sind weitere hinzugekommen.

Nicht gewonnen, nicht verloren ist bis zu dir mein Sein;
noch niemals hat mein Blick den deinigen vermisst.
Schließt sich mein Auge, falls deines mich vergisst,
      dann hören Zeiten auf zu sein.

Leave him now quiet by the way
To rest apart.
I know what draws him to the dust alway
And churns him in the builder's lime:
He has the fright of time.

I heard it knocking in his breast
A minute since;
His human eyes did wince,
He stubborned like the massive slaughter beast
And as a thing o'erwhelmed with sound
Stood bolted to the ground.

Leave him, for rest alone can cure—
If cure there be—
This waif upon the sea.
He is of those who slanted the great door
And listened—wretched little lad—
To what they said.

LASST IHN JETZT STILL AM WEGESRAND

Lasst ihn jetzt still am Wegesrand
für sich allein.
Ich weiß, was er im Staub oft fand
und ihn hineinzog in den Kalk am Bau:
Es ist die Zeit, sie macht den Magen flau.

Ich hörte das Pochen in seiner Brust
nur einen Augenblick ist's her;
sein Menschenauge zuckte schwer,
und störrisch wie das Vieh, das sterben muss
und wie von Tönen vollgehagelt
stand er am Boden, festgenagelt.

Lasst ihn, nur Ruhe kann es richten -
doch ist die Heilung schwer
für dieses schwache Kind auf dem Meer.
Er war dabei, der kleine Wicht,
als sie am Türspalt lugten und es wagten
zu hören, was die drinnen sagten.

NEAR HELIKON

By such an all-embalming summer day
As sweetens now among the mountain pines
Down to the cornland yonder and the vines,
To where the sky and sea are mixed in gray,

How do all things together take their way
Harmonious to the harvest, bringing wines
And bread and light and whatsoe'er combines
In the large wreath to make it round and gay.

To me my troubled life doth now appear
Like scarce distinguishable summits hung
Around the blue horizon: places where
Not even a traveller purposeth to steer,—
Whereof a migrant bird in passing sung,
And the girl closed her window not to hear.

NAHE DEM HELIKON

An einem alles bewahrenden Sommertage,
der sich nun lindert zwischen Latschenwäldern
bis ganz hinunter zu den Reben und den Feldern,
wo Luft sich eint mit Meer zum Graugelage,

wie gehen sie zusammen, all die Sachen,
harmonisch bis zur Ernte, wie kommt der Wein
mit Brot und Licht und allem im Verein
zum großen Kranz, ihn rund und bunt zu machen.

Mein Leben, kummervoll, hat nun den Schein
von spärlich abgesetzten Gipfeln, aufgehangen
am Himmelsrand: Orte scheinen dies zu sein,
die laden keinen Reisenden zum Weilen ein, -
wovon zwar Vögel auf der Reise sangen,
das Mädchen aber wählte taub zu sein.

Six O'Clock

Now burst above the city's cold twilight
The piercing whistles and the tower-clocks:
For day is done. Along the frozen docks
The workmen set their ragged shirts aright.

Thro' factory doors a stream of dingy light
Follows the scrimmage as it quickly flocks
To hut and home among the snow's gray blocks.—
I love you, human labourers. Good-night!

Good-night to all the blackened arms that ache!
Good-night to every sick and sweated brow,
To the poor girl that strength and love forsake,
To the poor boy who can no more! I vow
The victim soon shall shudder at the stake
And fall in blood: we bring him even now.

SECHS UHR

Nun bricht ins kalte Dämmerlicht der Stadt
das schrille Pfeifen und das Uhrenschlagen;
die Docks sind eisig und nach all dem Plagen
ziehn Arbeitskräfte ihre Hemden glatt.

Durch Tore folgt das Licht in trüber Flut
dem schnellen Drängen dieses Menschensees
zu Haus und Herd durch Blöcke grauen Schnees.
Ich liebe euch, ihr Schaffenden, schlaft gut.

Schlaft gut, die euch die schwarzen Arme schmerzen!
Schlaf gut, das wünsch ich jedem Schweißgesicht,
den Mädchen, welche Lieb und Kraft verschmerzen,
dem armen Kerl, der an den Mühen bricht.
Ich schwör, das Opfer fällt am Pfahl in Schmerzen;
wir bringen ihn, im letzten Tageslicht.

THIS IS THE VIOLIN

This is the violin. If you remember -
One afternoon late, in the early days,
One of those inconsolable December
    Twilights of city haze,

You came to teach me how the hardened fingers
Must drop and nail the music down, and how
The sound then drags and nettled cries, then lingers
    After the dying bow. -

For so all that could never be is given
And flutters off these piteously thin
Strings, till the night of a midsummer heaven
    Quivers . . . a violin.

I struggled, and alongside of a duty,
A nagging everyday-long commonplace!
I loved this hopeless exercise of beauty
    Like an allotted grace, -

The changing scales and broken chords, the trying
From somber notes below to catch the mark,
I have it all thro' my heart, I tell you, crying
    Childishly in the dark.

DIES IST DIE GEIGE

Dies ist die Geige. Du erinnerst dich?
Es war am frühen Abend, lange her,
Dezembernebel, der nicht wich,
    in Schwaden, dick und schwer.

Du zeigtest mir, wie steif gewordene Hände
erst fallen müssen und die Töne dann fixieren,
wie diese schwellen und noch übers Ende
    des toten Bogens hin vibrieren.

So wird, was eigentlich nicht möglich war,
und flattert weg von diesem spindeldürren Strang,
bis in der nächtlich-hellen Sternenschar
    er bebt, der Geigenklang.

Ich kämpfte, und neben ödem Alltagsleben,
das abgeschmackt war und ein wenig fade,
geliebtes, hoffnungsloses Schönheitsstreben,
    wie eine zugeteilte Gnade.

Die vielen Noten, die Akkorde und mein Streben
nach Tönen, die höher als die meinen sind,
all dies hat mir den Rest gegeben,
    so dass ich weinte wie ein Kind.

THE TRUE ESSENCE

Ill-starred is he who cannot see
The perfect beauty in the things
Of lowly, blighted radiancy;

Unhappy he who cannot guess
In earth's dim insufficiency,
The perfect hand that stoops to bless.

In every flower by the way
I see a portal to the sky
Of beauties of a poorer day,

That in their full sublimity
Can never find a voice in clay,
But whose faint traces I can see

In these poor things that live for death:
I feel the higher beauty here
In every touch, in every breath.

And men and nature seem to stand
An echo of diviner truth
For which we grope and which is planned

To shine incomprehensible,
Until some consummation makes
Its glory known and visible.

DAS WAHRE WESEN

Arm ist, wer sie nicht sehen mag,
die ganze Schönheit in den Dingen,
die welken nach dem schönen Tag.

Unglücklich, wem der Sinn enteilt
in blasser Erdenwirklichkeit
von dem, der Segen recht verteilt.

In jeder Blume dicht am Weg
führt mir zum Himmel schlechter Tage
und seinen Schönen hin ein Steg,

die niemals ganz die Achtung fingen,
auch nicht in ihrem vollen Glanz,
doch deren Spuren in mir klingen

in diesen todgeweihten Resten:
Die wahre Schönheit fühl ich hier
in jedem Hauch und allen Gesten.

Und Mensch und Erde können stehen
im Echo wahrer Göttlichkeit,
von uns ertastet, vorgesehen

dass sie so ganz unfassbar glüht
bis sie nach langer Wartezeit
in vollem Glanze prächtig blüht.

Edward Thomas (1878 – 1917)

ADLESTROP

Yes. I remember Adlestrop —
The name, because one afternoon
Of heat the express-train drew up there
Unwontedly. It was late June.

The steam hissed. Someone cleared his throat.
No one left and no one came
On the bare platform. What I saw
Was Adlestrop—only the name

And willows, willow-herb, and grass,
And meadowsweet, and haycocks dry,
No whit less still and lonely fair
Than the high cloudlets in the sky.

And for that minute a blackbird sang
Close by, and round him, mistier,
Farther and farther, all the birds
Of Oxfordshire and Gloucestershire.

ESCHENBACH

Ich denke oft an Eschenbach,
denn einst, an einem warmen Nachmittag,
hielt dort der Eilzug, außer Plan,
weil irgendwas am Bahndamm lag.

Dampf zischend hier, ein Hüsteln dort,
und niemand pfiff und niemand sprach
und alles was ich sehen konnte,
war dieser Name: Eschenbach.

Und Schlehen, blühend, dicht darüber
ein Kirschenbaum im weißen Kleid,
und hoch am Himmel keine Wolke,
nur helle Bläue weit und breit.

Bis dann, ganz nahe, Amselzwitschern
sich dehnte bis zum Waldesrand
und immer weiter griff das Singen
zu allen Vögeln rings im Land.

THE OWL

Downhill I came, hungry, and yet not starved;
Cold, yet had heat within me that was proof
Against the North wind; tired, yet so that rest
Had seemed the sweetest thing under a roof.

Then at the inn I had food, fire, and rest,
Knowing how hungry, cold, and tired was I.
All of the night was quite barred out except
An owl's cry, a most melancholy cry

Shaken out long and clear upon the hill,
No merry note, nor cause of merriment,
But one telling me plain what I escaped
And others could not, that night, as in I went.

And salted was my food, and my repose,
Salted and sobered too, by the bird's voice
Speaking for all who lay under the stars,
Soldiers and poor, unable to rejoice.

DIE EULE

Ich kam hinab, hungrig, doch nicht ausgehungert,
kalt, jedoch in mir die Hitze, die dem Nordwind
widerstand, müde, jedoch so, dass Ruhe das Angenehmste
von allen Dingen schien, die unter Dächern sind.

Im Gasthaus fand ich Nahrung, Wärme, Ruhe,
wissend, wie ich hungrig, kalt und müde war.
Die ganze Nacht war ausgesperrt, nur nicht
der Schrei der Eule, der äußerst traurig war.

Lang und klar hinausgezittert auf dem Hügel,
kein froher Ton, kein Ton, der mich entzückte,
der mir klar sagte, welchen Dingen ich entkam
und andere nicht in dieser Nacht, als ich die Klinke drückte.

Gesalzen war mein Essen, genau wie meine Ruhe,
gesalzen und entzaubert auch durchs Vogelklagen,
das für all jene sprach, die unter Sternen lagen,
arme Leute und Soldaten, ohne Zugang zum Behagen.

A TALE

Here once flint walls,
Pump, orchard and wood pile stood.
Blue periwinkle crawls
From the lost garden down into the wood.

The flowerless hours
Of winter cannot prevail
To blight these other flowers,
Blue china fragments scattered, that tell the tale.

EINST

Hier versperrte eine Mauer die Sicht,
standen Pumpe, Holzstoß und ein Garten.
Blau blühendes Immergrün kriecht
aus dem Garten hinunter, wo die Hölzer warten.

Die Zeit an blütenlosen Tagen
im Winter kann es nicht verrichten,
die anderen Blumen zu verjagen,
auf blauen Scherben, die vom Einst berichten.

IN MEMORIAM (EASTER, 1915)

The flowers left thick at nightfall in the wood
This Eastertide call into mind the men,
Now far from home, who, with their sweethearts, should
Have gathered them and will do never again.

IN MEMORIAM (OSTERN 1915)

Die Blumen, dick bei Nachteinbruch im Wald verblieben,
lassen Ostern unsren Sinn auf jenen Männern ruhen,
die, weit von zuhause jetzt, mit denen, die sie lieben,
sie pflücken sollten und dies nie mehr tun.

ASPENS

All day and night, save winter, every weather,
Above the inn, the smithy, and the shop,
The aspens at the cross-roads talk together
Of rain, until their last leaves fall from the top.

Out of the blacksmith's cavern comes the ringing
Of hammer, shoe, and anvil; out of the inn
The clink, the hum, the roar, the random singing –
The sounds that for these fifty years have been.

The whisper of the aspens is not drowned,
And over lightless pane and footless road,
Empty as sky, with every other sound
Not ceasing, calls their ghosts from their abode,

A silent smithy, a silent inn, nor fails
In the bare moonlight or the thick-furred gloom,
In tempest or the night of nightingales,
To turn the cross-roads to a ghostly room.

And it would be the same were no house near.
Over all sorts of weather, men, and times,
Aspens must shake their leaves and men may hear
But need not listen, more than to my rhymes.

[94]

ESPEN

Zu jeder Zeit und jedem Wetter, nur im Winter nicht,
wo sich die Straßen kreuzen beim Laden und dem Schmied,
hört man, wie Espe zu der Espe spricht
vom Regen, bevor das letzte Blatt vom Wipfel flieht.

Aus der Schmiedehöhle tönt das Klingen
von Hammer, Schuh und Amboss, aus der Bar
das Klirren, Summen, Brüllen und gelegentliche Singen,
so wie es schon vor fünfzig Jahren war.

Nichts, was das Espenwispern überdröhnt,
und über dunklen Fenstern, unbelebten Straßen,
leer wie der Himmel, wird es, gleich was tönt,
nicht ganz verstummen, ruft Geister, die zuhause saßen,

die stille Schmiede und die Bar, vermag bei allem,
im nackten Mondlicht, dick bepelzten Düsterheiten,
im Sturm und in der Nacht der Nachtigallen,
die Kreuzung zum Gespensterraum zu kleiden.

Auch nahe Häuser können diesen Lauf nicht stören.
Gleich wie die Zeiten sind und wie die Wetter keimen,
werden Espen drüber Blätter schütteln, und Menschen hören,
nicht immer lauschen, nicht mehr als meinen Reimen.

Whatever wind blows, while they and I have leaves
We cannot other than an aspen be
That ceaselessly, unreasonably grieves,
Or so men think who like a different tree.

Wie der Wind auch ist, wenn wir in Blättern stehen,
kann ich wie sie nur Espe sein,
mich sinnlos unentwegt im Gram ergehen.
Es wird nicht anders mit anderen Bäumen sein.

RAIN

Rain, midnight rain, nothing but the wild rain
On this bleak hut, and solitude, and me
Remembering again that I shall die
And neither hear the rain nor give it thanks
For washing me cleaner than I have been
Since I was born into this solitude.
Blessed are the dead that the rain rains upon:
But here I pray that none whom once I loved
Is dying tonight or lying still awake
Solitary, listening to the rain,
Either in pain or thus in sympathy
Helpless among the living and the dead,
Like a cold water among broken reeds,
Myriads of broken reeds all still and stiff,
Like me who have no love which this wild rain
Has not dissolved except the love of death,
If love it be towards what is perfect and
Cannot, the tempest tells me, disappoint.

REGEN

Regen, um Mitternacht, nichts als wilder Regen
auf diese kahle Hütte, und Einsamkeit, und ich
von neuem mich erinnernd, dass ich tot sein werde,
nicht den Regen hörend und nicht ihm danken könnend,
dass er mich sauberer wusch als ich es jemals war,
seit ich in diese Einsamkeit geboren wurde.
Gesegnet sind die Toten, auf die der Regen regnet:
hier bete ich, dass niemand, den ich liebte,
zu Tode kommt und auch nicht wachend liegt
in Einsamkeit dem Regen lauschend,
in Schmerz nicht und auch nicht aus Sympathie,
hilflos zwischen Lebenden und Toten,
wie kaltes Wasser zwischen abgebrochenem Schilf,
unzählig viele Rohre, alle steif und still,
wie ich, der keine Liebe hat, die dieser wilde Regen
mir gelassen hätte neben der Liebe zum Tod,
wenn ich denn liebe, was vollkommen ist
und nicht enttäuschen kann, wie mir der Sturm erzählt.

No One So Much As You

No one so much as you
Loves this my clay,
Or would lament as you
Its dying day.

You know me through and through
Though I have not told,
And though with what you know
You are not bold.

None ever was so fair
As I thought you:
Not a word can I bear
Spoken against you.

All that I ever did
For you seemed coarse
Compared with what I hid
Nor put in force.

Scarce my eyes dare meet you
Lest they should prove
I but respond to you
And do not love.

KEINE MEHR ALS DU

Keine liebt mehr als du
was von mir bleibt,
beklagte mehr als du
was mein Leben vertreibt.

Du kennst mich durch und durch
obwohl ich nichts sagte
und das, was du weißt,
dich niemals plagte.

Keine war je so rein
wie ich dich empfand,
kein Wort ertrug ich
das gegen dich stand.

Was immer ich tat
für dich, es schien grob
verglichen mit dem,
was ich verbarg und verschob.

Blickt mein Auge in deines
ist klar, was es spricht,
ich bin nur Widerhall
und liebe nicht.

We look and understand,
We cannot speak
Except in trifles and
Words the most weak.

I at the most accept
Your love, regretting
That is all: I have kept
A helpless fretting

That I could not return
All that you gave
And could not ever burn
With the love you have,

Till sometimes it did seem
Better it were
Never to see you more
Than linger here

With only gratitude
Instead of love -
A pine in solitude
Cradling a dove.

Wir blicken, verstehen,
sprechen nicht aus,
nur Nichtigkeiten,
aus der Lähmung heraus.

Deine Liebe nehme ich hin,
es tut mir leid,
dass ich nicht liebender bin,
mit mir selber im Streit,

nicht vergelten zu können,
was deine Gabe umfasst,
und nie brennen zu können
mit der Liebe, die du hast,

bis es manchmal schien
ich sollte mich trennen,
dass dies besser wäre,
als im Kreis zu rennen,

nur aus Dankbarkeit,
wo die Liebe nicht wohnt,
eine Kiefer in Einsamkeit,
auf der ein Taubennest thront.

THAW

Over the land freckled with snow half-thawed
The speculating rooks at their nests cawed
And saw from elm-tops, delicate as flowers
　　　of grass,
What we below could not see, Winter pass.

TAUWETTER

Über dem Land, gesprenkelt mit Schnee, halb getaut,
krächzten aus Nestern spekulierende Krähen laut
und konnten, zart wie Blüten von Gras,
     von den Ulmen sehen,
was wir von unten nicht sahen, den Winter vergehen.

TALL NETTLES

Tall nettles cover up, as they have done
These many springs, the rusty harrow, the plough
Long worn out, and the roller made of stone:
Only the elm butt tops the nettles now.

This corner of the farmyard I like most:
As well as any bloom upon a flower
I like the dust on the nettles, never lost
Except to prove the sweetness of a shower.

HOHE NESSELN

Die hohen Nesseln sind, wie jeden Frühling, eine Decke
für den altersschwachen Pflug, die rostige Egge
und für die Walze, hergestellt aus Stein;
nur den Ulmenstamm holt keine Nessel ein.

Der Teil des Hofs kann mich am meisten fesseln,
wie jede Blume mag ich auf den Nesseln
den Staub, von dem sie nur gelegentlich verwaisen
um die Milde eines Schauers zu beweisen.

THE CHERRY TREES

The cherry trees bend over and are shedding
On the old road where all that passed are dead,
Their petals, strewing the grass as for a wedding
This early May morn when there is none to wed.

DIE KIRSCHENBÄUME

Die Kirschenbäume beugen sich, bekleiden
die alte Straße, die lebenslang kein Fuß betrat,
mit Blüten, bestreuen hochzeitlich die Weiden
an diesem Maienmorgen, der nichts zu einen hat.

WHEN FIRST

When first I came here I had hope,
Hope for I knew not what. Fast beat
My heart at sight of the tall slope
Of grass and yews, as if my feet

Only by scaling its steps of chalk
Would see something no other hill
Ever disclosed. And now I walk
Down it the last time. Never will

My heart beat so again at sight
Of any hill although as fair
And loftier. For infinite
The change, late unperceived, this year,

The twelfth, suddenly, shows me plain.
Hope now,---not health, nor cheerfulness,
Since they can come and go again,
As often one brief hour witnesses, -

Just hope has gone for ever. Perhaps
I may love other hills yet more
Than this: the future and the maps
Hide something I was waiting for.

BEI MEINER ANKUNFT

Bei meiner Ankunft hatte ich Hoffnung,
Hoffnung auf ich weiß nicht was. Mein Herz
schlug schnell beim Anblick des steilen Hangs,
mit Gras und Eiben, als ob die Füße

nur durch Erklimmen der Stufen aus Kalk
das sehen könnten, was kein anderer Berg
jemals enthüllte. Und nun gehe ich
das letzte Mal hinab. Nie mehr wird

Mein Herz so schlagen beim Anblick
eines Bergs, sei er genau so schön
und höher noch. Denn plötzlich und dauerhaft
lässt die Veränderung, lange nicht bemerkt,

in diesem zwölften Jahr mich klar erkennen.
Die Hoffnung, - nicht Gesundheit, Fröhlichkeit,
denn diese kommen und gehen
sehr häufig in nur einer kurzen Stunde -

die Hoffnung ist für immer weg. Mag sein,
dass ich andere Berge noch mehr lieben werde
als diesen hier: dass Zukunft und die Karten
ein Ding verbergen, das mir Hoffnung war.

One thing I know, that love with chance
And use and time and necessity
Will grow, and louder the heart's dance
At parting than at meeting be.

Ich weiß nur eines, dass die Liebe mit der Zeit,
mit Brauchen, mit Gebrauchen und mit Glück,
wachsen wird, und dass das Herz beim Trennen
viel lauter tanzt als bei dem ersten Treffen.

LIGHTS OUT

I have come to the borders of sleep,
The unfathomable deep
Forest, where all must lose
Their way, however straight,
Or winding, soon or late;
They cannot choose.

Many a road and track
That since the dawn's first crack,
Up to the forest brink
Deceived the travellers,
Suddenly now blurs,
And in they sink.

Here love ends -
Despair, ambition ends;
All pleasure and all trouble,
Although most sweet or bitter,
Here ends, in sleep that is sweeter
Than tasks most noble.

There is not any book
Or face of dearest look
That I would not turn from now
To go into the unknown
I must enter, and leave, alone,
I know not how.

LICHTER AUS

Dies ist die Grenze, wo der Schlaf beginnt,
die Wälder, die unermesslich sind,
wo jeder irgendwann den Weg verliert,
ob gerade, ob durch ein Tal,
ob ihn ein Saum mit Blumen ziert,
niemand hat die Wahl.

Viele Straßen und Spuren,
wo Reisende tagsüber fuhren
bis wo der Wald beginnt,
enttäuschten nur,
verlieren nun Kontur
und der Reisende versinkt.

Hier endet die Liebe,
Verzweiflung, Ehrgeiz, starke Triebe,
alle Sorgen und Vergnügen,
süß wie Honig oder sauer,
müssen sich dem Schlafen fügen,
selbst die von Wichtigkeit und Dauer.

Da ist kein Zeitvertreib,
kein weicher, warmer Leib,
nichts könnte Hemmnis sein
ins Unbekannte zu gehen,
hinein, hinaus und ganz allein.
Wie, kann ich nicht sehen.

The tall forest towers:
Its cloudy foliage lowers
Ahead, shelf above shelf:
Its silence I hear and obey
That I may lose my way
And myself.

Die Türme des Waldes ragen empor,
das Laub lugt finster hervor,
wolkige Stufen passieren.
Die Stille hörend merke ich:
ich könnte den Weg verlieren
und auch mich.

Zweiter Teil:
Erläuterungen

Was es bedeutet, in Form zu bleiben

In diesem Band sind drei Dichter vereint, deren Stile nicht unterschiedlicher sein könnten. Es gibt jedoch einiges, was sie gemeinsam haben. Alle drei lebten und schrieben in der Zeit der Wende vom 19. ins 20. Jahrhundert, in einer Zeit als sich ein Umbruch in der englischsprachigen Poesie anbahnte. Der schwelgerische Ton der romantischen und der darauf folgenden viktorianischen Periode hatte sich erschöpft. Die Poeten suchten nach neuen Stilen und neuen Themen.

Anders als Ezra Pound und wenig später T.S. Eliot, die auf sogenannte freie Verse setzten und damit einen neuen Mainstream einleiteten, blieben unsere drei Dichter der formgestützten Poesie treu. Sie benutzten also Metren und Reime, um ihren Werken Klang zu verleihen. Dies allerdings mit einer Sprache und einer Haltung, die dem Alltag näher waren als jene der viktorianischen Epoche. Sie waren nicht die einzigen, die in dieser Zeit der Form treu blieben. Auch die Amerikaner Edwin Arlington Robinson (1869 - 1935) und Robert Frost (1874 – 1963), sowie wie der Engländer William Butler Yeats (1865 – 1939) taten es.

Gemeinsam haben A.E. Housman, Trumbull Stickney und Edward Thomas auch ihre Einzigartigkeit. Nicht nur sind sie, die Formentreue ausgenommen, im Stil grundverschieden voneinander, sondern sie lassen sich auch keinen Strömungen und dichterischen Moden zuordnen. Ihre Themen und Motive sind nicht zeitbezogen, sondern zeitlos. Alle drei sind von persönlichen Erfahrungen und Obsessionen getrieben. Bei Housman ist es der Tod, die Vergänglichkeit des Menschen, bei Stickney die Ruhelosigkeit und Zerrissenheit, bei Thomas die Einsamkeit, welcher der isolierte Mensch nicht entkommen kann. Doch alle drei beziehen sich immer wieder auf die Natur als Messrahmen für das Sein des Menschen und seine Nöte.

Von unseren drei Autoren erreichte nur Housman zu Lebzeiten den Bekanntheitsgrad von Yeats und Frost. Seine immense Popularität hatte er zum Teil dem Ersten Weltkrieg zu verdanken und dass der Ton seiner Verse die Stimmung vieler Solda-

ten traf. Nicht wenige von ihnen hatten Housmans Gedicht-
band *A Shropshire Lad* im Tornister. Später nahm das Interesse
an ihm etwas ab. Thomas und Stickney starben früh und hatten
beide nur sehr kurze poetische Schaffensperioden. Dement-
sprechend schmal ist ihr lyrisches Werk. Dass sich heute den-
noch ihre Gedichte in den großen Anthologien der englisch-
sprachigen Dichtung finden, spricht für ihre Qualität.

*

Poetische Formen dienen vor allem der klanglichen Gestaltung
von Gedichten, und dies ist auch der einzige Aspekt, den ich
hier ansprechen will. Technisch gesehen sind sie Muster, denen
man den Text unterwirft, um ihn „zum Klingen bringen". Ihre
Wirkung beruht auf der Wiederholung und der Wiedererken-
nung. Es gibt zwei besonders wichtige Arten dieser Muster, die
Metren und die Reime. Mit einem Metrum verleiht der Dichter
seinem Gedicht einen Rhythmus, der die Wirkung des Texts
ergänzt und verstärkt. Ein Metrum besteht aus zwei oder mehr
Wiederholungen eines rhythmischen Basismusters, des
Versfußes. Der bekannteste Versfuß im deutschsprachigen und
im englischsprachigen Raum ist der Jambus. Er liegt vor, wenn
von zwei aufeinander folgenden Silben die erste unbetont und
die zweite betont ist. Wiederholt man fünf Jamben in einer
Textzeile, dann genügt der betreffende Text einem häufig an-
gewandten Metrum, das fünffüßiger Jambus genannt wird. In
den beiden folgenden Beispielen sind die betonten Silben
unterstrichen:

Du <u>hol</u>der <u>Lüst</u>ling, <u>schlim</u>mer <u>lieb</u>ster <u>Freund</u>
Du <u>hast</u> zum <u>Früh</u>stück <u>kei</u>ne <u>Wurst</u> ge<u>ges</u>sen

Das erste Beispiel stammt aus der Übersetzung eines Sonetts
von Shakespeare, das zweite zeigt, dass auch Sätze der Alltags-
sprache metrisch geformt sein können. Gewöhnlich ist sich al-
lerdings der Sprecher eines Satzes in der Alltagssprache des
Metrums nicht bewusst. Bestenfalls merkt er, dass eine Formu-
lierung besser klingt als die andere. Metren gibt es wohl schon
so lange, wie es Sprache gibt. Die systematische Nutzung der

Metren, um Gedichten Rhythmus und Klang zu verleihen, ist fast so alt wie die Dichtung selbst. Im Idealfall bilden Text und Metrum eine harmonische Einheit, die auf den Hörer viel stärker wirkt, als es der ungeformte Text könnte. Im folgenden Ausschnitt aus dem Gedicht *Rock Me To Sleep* von Elizabeth Akers Allen wünscht sich die Sprecherin ihre verstorbene Mutter zurück. Das Metrum, ein Daktylus, vermittelt dem Hörer den Eindruck, dass die Mutter das Kind im Takte wiegt:

> Backward, flow backward, O tide of the years!
> I am so weary of toil and of tears, -
> Toil without recompense, tears all in vain, -
> Take them, and give me my childhood again!

Das Beispiel zeigt allerdings nicht nur die Macht des Metrums, sondern auch die Gefahr seines Missbrauchs. Wir können uns leicht vorstellen, dass nicht nur die Sprecherin, sondern auch der Hörer in den Schlaf gewiegt würde, wenn es über lange Strecken so weiter ginge. Metren sind eine gute Basis für passenden Klang, aber sie sind keine Selbstläufer. Gute Dichter spüren, wenn der metrisch geformte Text zu einförmig wird und können gegensteuern.

Während Metren sich häufig unbeabsichtigt in die Alltagssprache einschleichen, ist dies bei Reimen äußerst selten der Fall. Wenn der Effekt des Metrums ein Flüstern ist, ist der des Reims ein lautes Rufen. Wie bei den Metren, gibt es auch bei Reimen eine Vielzahl von Formen, die ihre spezifischen Wirkungen haben. In der Geburtstags- und Jubiläumslyrik gelten Reime meist als konstituierende Merkmale eines Gedichts, Metren sind in diesem Bereich seltener anzutreffen. Dagegen werden in der künstlerischen Dichtung Reime zurückhaltender verwendet als Metren. Nicht weil sie zu wenig Wirkung auf den Zuhörer hätten, sondern weil sie außerordentlich stark auf ihn wirken.

Der Effekt von Reimen auf den Zuhörer ist sehr vielfältig. Wie man aus Erfahrung weiß, führen Reime dazu, dass man sich ein Gedicht leichter merken kann und dass der Text eine größere Aufmerksamkeit erregt. Auf diesen Eigenschaften beruhen viele der Merkverse, mit denen man seit Jahrhunderten die Jugend plagt. Je schneller die gleich klingenden Wörter des Reims aufeinander folgen, umso stärker nehmen wir ihn wahr. Stehen die Reimwörter sehr eng beisammen, dann können wir den Eindruck gewinnen, dass der Reim den Text dominiert, liegen sie sehr weit auseinander, entgeht den Hörern unter Umständen ihre Verbindung.

Subtiler, aber nicht weniger wichtig als die reine Klangwirkung des Reims ist die Bedeutung der durch Reim verbundenen Wörter. Der Reim lenkt die Aufmerksamkeit auf das Verhältnis, das zwischen ihnen besteht. Er kann Gleichheiten betonen oder Gegensätze hervorheben, wie in der letzten Strophe von Hermann Hesses *Stufen*:

Es wird vielleicht auch noch die Todesstunde
Uns neuen Räumen jung entgegensenden,
Des Lebens Ruf an uns wird niemals enden …
Wohlan denn, Herz, nimm Abschied und gesunde!

Reime können skurril witzig wirken, manchmal auch unfreiwillig komisch. Oft sind komische Reimfügungen auch Ausdruck von Ironie oder Selbstironie, wie (vielleicht) in Goethes Formulierung aus dem *Faust*:

Die Sonne sinkt, die letzten Schiffe
Sie ziehen munter hafenein.
Ein großer Kahn ist im Begriffe
Auf dem Kanale hier zu sein.

*

Der Formeneinsatz kann ein Gedicht zum Klingen bringen. Er bringt Musik ins Gedicht. Er eröffnet auch, wie die Beispiele zum Reim zeigen, Ausdrucksmöglichkeiten, welche der Text alleine nicht bieten kann. Meist hat jedoch das, was Vorteile bringt, auch Nachteile. Der Formeneinsatz hat sogar deren zwei, wobei der erste eher theoretischer Natur ist: Er schränkt die Möglichkeiten der textlichen Gestaltung ein. Suchen wir für ein bestimmtes Wort ein gleich klingendes Reimwort, so ist die Auswahl begrenzt. Zu *Land* passt *Sand, Tand, fand* und noch manches andere Wort, aber verglichen mit dem ganzen Wörtervorrat der deutschen Sprache ist dies natürlich wenig. Auch Metren grenzen die Dichter ein, in der Wortwahl und in der Wortanordnung. Wählte man z.B. für die obigen Beispiele zum fünffüßigen Jambus die folgenden Anordnungen, dann entspräche der Text nicht mehr dem Metrum:

Du schlimmer liebster Freund, holder Lüstling
Du hast keine Wurst zum Frühstück gegessen.

So logisch der Einwand der Einschränkung zunächst klingt, so unwesentlich erweist er sich in der dichterischen Praxis. Denn die Form erweckt erfahrungsgemäß die Kreativität und den spielerischen Impetus des (guten) Dichters und inspiriert ihn zu Formulierungen, auf die er ohne die Hürden der Form nicht gekommen wäre. Was theoretisch als Einschränkung erscheint, wird in der Praxis zur Bereicherung.

Der wahre Preis der Form ist ein anderer. Es ist der mit Hilfe der Form erzeugte Klang selbst. Es gibt Poeten, die den Klang über den Inhalt stellen. Gottfried Benn war so einer, zumindest zeitweise, wie sein Gedicht *Welle der Nacht* bezeugt:

Welle der Nacht – Meerwidder und Delphine
mit Hyakinthos leichtbewegter Last,
die Lorbeerrosen und die Travertine
wehn um den leeren istrischen Palast, …

Die meisten Dichter, die formgestützt schreiben, sehen ihr Ideal jedoch in einem harmonischen Ganzen aus Text und Klang. Dies setzt voraus, dass der Text einen verstehbaren Inhalt hat, auch wenn dieser sich vielleicht nicht beim ersten Lesen erschließt.

In einem Ansatz, der dem von Benns *Welle* diametral entgegengesetzt ist, wird der Klang dem Text völlig untergeordnet. Noch ein wenig extremer ist die Einstellung, dass Klang nicht nur unwichtig, sondern auch unerwünscht sei. Wer als Dichter diese Position vertritt, tut recht daran, auf klangbringende

Formen zu verzichten. Wer aber gerne klingende Verse schreiben möchte, jedoch nicht vermag, ihnen Klang zu geben, der sollte sich mit Metren und Reimen beschäftigen.

Ein klingendes Gedicht ohne Reim zu schreiben, ist sicher möglich; klingende Verse ohne jegliche Anlehnung an ein Metrum zu schreiben, ist wie das Gehen auf einem schmalen Brett. Es gelingt nur, indem man durch sehr kurze Zeilen und geeignete Zeilenumbrüche beim Hörer ein Gefühl von Rhythmus erzeugt. Das Spektrum möglicher Gedichte, die auf diese Weise rhythmisiert werden können, ist natürlich sehr begrenzt. Es bleibt das Metrum als einziges Mittel, das auf alle Arten von Versen zuverlässig angewandt werden kann. Es ist so etwas wie der goldene Schnitt der Poesie.

*

Es ist ein Irrtum anzunehmen, Metrum und Reim seien vergängliche Erscheinungen vergangener Zeiten. Diese Formen haben geholfen, die Lyrik über zweitausend Jahre lang am Leben zu erhalten. Ebenso ist es ein Irrtum, dass die freien, formlosen Verse eine Errungenschaft der sogenannten Moderne wären. Freie Verse waren schon zu Zeiten Goethes bekannt und der Altmeister selbst hat hin und wieder solche Verse geschrieben. Im Allgemeinen bediente er sich jedoch des zur Verfügung stehenden poetischen Handwerkszeugs.

Viele heutige Autoren legen auf den Klang wenig Wert, der Text alleine soll es bringen. Wenn dieser dazu noch unverständlich ist, bleibt nichts mehr übrig, was Leser und Hörer anziehen könnte. Ob es an dieser Art zu schreiben liegt, dass die gegenwärtige, in den Literaturzeitschriften publizierte Poesie nur ein winziges „erlesenes" Publikum findet? Beweisen lässt sich dies nicht, aber es gibt Indizien dafür. Denn während die Bücher der heutigen Poeten immer weniger den Weg in die Regale der Buchhandlungen finden, verkaufen sich die Werke der „alten Meister" und die Anthologien, die zum großen Teil aus formgestützten Gedichten bestehen, immer noch gut. Und da sind außerdem die brechend gefüllten Säle der Rap-Veranstaltungen und der „Poetry Slams", in denen meist junge Leute hochrhythmische und meist gereimte Gedichte vortragen, die Jung und Alt begeistern.

Oft hört man den Ratschlag an Dichter und an Künstler im Allgemeinen, dass es der Kunst nicht förderlich sei, wenn sich der Urheber eines Werks nur am Publikum orientiere. Das ist sicher richtig. Genauso richtig ist aber, dass Künstler, und damit auch die Dichter, ihr Publikum brauchen. Sie brauchen es nicht nur zum Broterwerb, sondern als Basis und Erdung ihres Tuns und ihrer Inspiration. Mit der Kunst ist es in dieser Hinsicht wie mit der Sexualität: mit Selbstbefriedigung kann man nicht einmal sich selbst begeistern, und wenn schon, dann nur für begrenzte Zeit. So richtig schön kann man sie nur mit Partnern erleben.

*

Alle drei in diesem Band vertretenen Dichter strebten in ihren Gedichten eine ideale Einheit von Inhalt und Form an. Was dabei herauskam, ist in jedem Fall beeindruckend. Die Lösungen sind zudem so unterschiedlich, dass sie als Beleg dafür taugen, dass der Formeneinsatz den Dichter nicht einengt, sondern im Gegenteil beflügelt.

A.E. Housman war ein Meister des Klangs. Er reimte streng und immer passend und sorgte durch Variationen des Rhythmus dafür, dass der Ton nie leiernd ist. Die spielerische Herausforderung, die in den klassischen Strophenformen liegt, nahm er an und erweiterte diese zum Teil um noch anspruchsvollere Vorgaben. Vorgaben, die er glänzend meisterte, wie in der folgenden Strophe mit dem Reimschema aabcccb:

Ensanguining the skies
How heavily it dies
Into the west away;
Past touch and sight and sound
Not further to be found,
How hopeless under ground
Falls the remorseful day.

[126]

Er füllt den Himmel rot
und stirbt den schweren Tod,
im Westen liegt sein Grab;
jenseits von allen Sinnen,
nicht wieder zu gewinnen,
wie Wasser, die verrinnen
sinkt reuevoll der Tag.

Thomas dagegen wollte dem Klang eine andere Richtung geben. Nicht feierlich sollten seine Gedichte klingen, sondern wie Alltagssprache, und möglichst nicht wie geschriebene Sprache, sondern wie gesprochene. Er strebte zwar meist ein Metrum an, war aber bereit, dieses zu verletzen, wenn ihm der Text damit nicht alltäglich genug klang. Wir finden in dem folgenden Gedicht *Thaw* (*Tauwetter*) keine einzige Zeile mit einem durchgehenden Metrum, stattdessen bunte Mischungen aus rhythmisch verträglichen Versfüßen:

Over the land freckled with snow half-thawed
The speculating rooks at their nests cawed
And saw from elm-tops, delicate as flowers of grass,
What we below could not see, Winter pass.

Über dem Land, gesprenkelt mit Schnee, halb getaut,
krächzten aus Nestern spekulierende Krähen laut
und konnten, zart wie Blüten von Gras, von den Ulmen
     sehen,
was wir von unten nicht sahen, den Winter vergehen.

Auf Reime legte Thomas mehr Wert als auf das Metrum. Da infolge der Mischung von Versfüßen die Zeilen sich langsamer lesen als wenn sie ein durchgehendes Metrum hätten, erscheinen die Reimwörter distanzierter voneinander und die Signale der Reime schwächer. Im obigen Gedicht sorgt die paarweise Reimung dafür, dass dieser Dämpfungseffekt nicht allzu stark wirkt.

Trumbull Stickney war, wie Housman, ein Meister des Klangs. Mehr noch als Housman benutzte er alte Gedichtformen, vor allem das Sonett, für seine klanglichen Meisterwerke. Diese sind zwar nicht so verschlossen wie viele Gedichte heutiger Dichter, aber doch nicht so unmittelbar zugänglich wie die Verse Housmans. Sticneys Gedichte sind voll von Bildern und Allegorien. Nicht selten greift er, der Altphilologe, dabei auf die griechische oder römische Antike zurück:

> Be still. The Hanging Gardens were a dream
> That over Persian roses flew to kiss
> The curlèd lashes of Semiramis.
> Troy never was, nor green Skamander stream.

> Sei still. Der Hängegarten war ein Traum,
> der Persiens Rosen unter sich beließ
> und schwebend küsste die Semiramis.
> Es gab nie Troja, nie den grünen Strom.

Für Housman war die lyrische Form wie eine schwermütige Geliebte, der er immer die Treue hielt, trotz oder vielleicht gerade wegen dieser Schwermut. Auch Stickney, um im Bild zu bleiben, liebte die Form und ihren Klang, aber er war eher der Liebhaber, der die Liebste in einen französischen Film führt, in dem der Held sich durch das neblige Paris tastet. Thomas dagegen behandelte die Form wie seine alte, fragile Mutter, die er vorsichtig über die dunkle Straße führte.

Alfred Edward Housman und der zweite Bildungsweg

Wenn es eine Rangliste der erfolgreichsten zweiten Bildungswege gäbe, würde A. E. Housman darin einen der vordersten Plätze besetzen. Vom Scheitern im Examen zum renommierten Wissenschaftler und Professor an der Eliteuniversität Cambridge und darüber hinaus zum gefeierten Dichter, das ist schon ein außerordentlicher Werdegang. Dies alles geschah einer zurückhaltenden, schüchternen Person, die zwar gewiss über genügend Selbstbewusstsein und Kritiklust verfügte, sich aber niemals in den Vordergrund drängte.

Housmans Gedichte sind in einer so einfachen wie eleganten Sprache verfasst. Sie sind leicht zugänglich, ohne seicht zu sein. Housman hatte bei den alten Römern gelernt, bei Ovid und Horaz, aber auch bei Shakespeare, Heinrich Heine und bei William Blake. Ihr lyrisches Erbgut hatte er im Blut. Er war ein Meister, wenn es darum ging, einen Gedanken in eine kleine Geschichte oder in eine Naturschilderung einzubetten. Meistens dient die Natur mit ihrer Kraft und Unerschütterlichkeit dabei als Gegensatz zur Vergänglichkeit des menschlichen Daseins.

Außergewöhnlich sind Housmans Gedichte aber nicht allein durch die elegante, wohlklingende Sprache, sondern durch die Kombination dieser Sprache mit einem gnadenlosen Realismus, der häufig an den Thronen echter und institutioneller Götter rüttelt und bisweilen blasphemische Züge annimmt.

*

A.E. Housman wurde 1859 in Fockbury, Worcestershire, in eine wohlhabende bürgerliche Familie hineingeboren. Sein Vater war Anwalt. Housman war das älteste von sieben Kindern. Ein Jahr nach seiner Geburt zog die Familie ins nahe gelegene Bromsgrove, wo er aufwuchs und seine erste Schulbildung erhielt. Als er zwölf Jahre alt war, starb, für ihn völlig unerwartet, seine Mutter. In der Folgezeit vernachlässigte Vater Housman seine Anwaltskanzlei und die Familie verarmte. Mit großem Einsatz in der Schule schaffte Housman es, ein Stipendium für das St. John's College in Oxford zu erhalten.

Ab 1877 studierte er dort alte Sprachen und schloss den ersten Teil seines Studiums mit einem ausgezeichneten Ergebnis ab. Aus nicht ganz geklärten Gründen, unter Umständen spielte die nicht erwiderte Liebe zu seinem Studienkollegen und Freund Moses Jackson eine Rolle, scheiterte Housman aber im Schlussexamen und verließ Oxford ohne akademische Würden. Er nahm notgedrungen eine Stelle als Angestellter im Königlichen Patentamt in London an und blieb dort rund zehn Jahre. Seine Studien der Altphilologie, insbesondere des Lateinischen, führte er nebenberuflich weiter und er war darin so erfolgreich, dass er in der zweiten Hälfte seiner Patentamtszeit viel beachtete Aufsätze publizieren konnte. 1892 bewarb er sich dann, ein Mann ohne Abschlussexamen, um eine neu eingerichtete Professur an der Universität London. Er war, allen Erfahrungen mit den akademischen Bräuchen zum Trotz, mit seiner Bewerbung erfolgreich. Später, 1911, folgte sogar ein Ruf an die ehrwürdige Universität Cambridge.

Housman etablierte sich als Wissenschaftler allerersten Ranges auf dem Gebiet der Textkritik, also der möglichst wortgetreuen Erschließung alter Texte aus späteren überlieferten Fassungen. Er war oft hart in seiner Beurteilung der Leistungen anderer Wissenschaftler, gab sich selbst allerdings, was wissenschaftliche Gründlichkeit und die Kreativität bei der Erschließung der Texte anbelangte, keinerlei Blöße.

Seine poetischen Ambitionen und die wissenschaftlichen Interessen hielt Housman, von ganz wenigen Einzelfällen abgesehen, strikt getrennt. Auch spielten Themen der altrömischen und der altgriechischen Geschichte in seinen Gedichten so gut wie keine Rolle, sieht man von gelegentlichen Zitaten ab, die jedoch nur für kundige Leser erkennbar sind. Darin unterscheidet Housman sich von dem amerikanischen Zeitgenossen Trumbull Stickney, der ebenfalls ein glänzender Altphilologe war und der seine Kenntnisse der griechischen Antike in viele Gedichte einbrachte.

*

Als Housman 1896 sein Hauptwerk *A Schropshire Lad* ver-
öffentlichte, hatte er sich als Wissenschaftler schon lange etab-
liert. *A Shropshire Lad* ist eine Sammlung von Gedichten, in
der ein junger Mann vom Lande von seinen Wegen und seinen
Eindrücken berichtet. Es geht um die Nöte des einfachen Land-
volks, den Verlust der Heimat im Exil, die Kürze und die Ver-
gänglichkeit des menschlichen Lebens, um das Schicksal jun-
ger Soldaten und, immer wieder, um den Tod. Dieser taucht in
vielfältigen Formen auf: als Tod in der Jugend, durch Krieg
bedingt, als Suizid und auch als Mord. Viele der Gedichte ent-
halten plastische Naturschilderungen, aber diese sind nicht
Selbstzweck, sondern die Natur mit ihrer Gewalt umgibt den
Protagonisten und befördert seine Stimmungen und Gedanken.

Für die erste Ausgabe des *Shropshire Lad* 1896 fand Hous-
man keinen Verleger. Er ließ deshalb 500 Exemplare auf eige-
ne Kosten drucken. Es dauerte zwei Jahre, bis diese erste Auf-
lage verkauft war, und auch danach war die Nachfrage gering.
Erst der zweite Burenkrieg (1899-1902) und danach der Erste
Weltkrieg (1914-1918) beförderten den Umsatz. Der schwer-
mütige und mitfühlende, aber nie pathetische Ton traf das
Selbstgefühl vieler Kriegsteilnehmer. Allein 1918 wurden
16000 Bücher verkauft. In den Jahren darauf entwickelte sich
der *Shropshire Lad* zum meistverkauften Buch eines engli-
schen Poeten zu Lebzeiten.

*

Housman war kein vielschreibender Poet. Erst 1922, also rund
26 Jahre nach dem ersten, gab er einen zweiten, schmalen Ge-
dichtband heraus. Der Titel war *Last Poems*. In einer Vorbe-
merkung begründet er die Titelwahl damit, dass es nicht wahr-
scheinlich sei, dass er nochmals einen derartigen poetischen
Antrieb erfahren könnte wie in den ersten Monaten des Jahres
1895, als er den größten Teil seines ersten Buches schrieb. Was
Housman nicht erwähnte, war, dass er noch sehr viel mehr Ge-
dichte verfasst hatte, diese aber nicht oder noch nicht veröf-
fentlichen wollte.

Erst 1939, kurz nach Housmans Tod, veröffentlichte dessen Bruder Laurence in einem Sammelband mit dem Titel *A.E.H.* das Gesamtwerk des Dichters, genauer gesagt, jenen Teil davon, den dieser noch zu Lebzeiten als veröffentlichungswürdig erachtet hatte. Neben dem *Shropshire Lad* und den *Last Poems* enthielt dieser Band noch zwei weitere Gedichtsammlungen mit den Titeln *More Poems* und *Additional Poems*. In *More Poems* befinden sich einige der schönsten Gedichte Housmans.

*

Heute ist Housman in der englischsprechenden Welt noch immer viel gelesen, wenngleich seine Popularität nicht mehr mit jener im ersten Drittel des Zwanzigsten Jahrhunderts vergleichbar ist. Seine Gedichte sind fester Bestandteil in den Anthologien der englischen Poesie.

Im deutschsprachigen Raum ist Housman bislang weniger bekannt. Seit 2003 gibt es immerhin eine Übersetzung des *Shropshire Lad* (Wipperführth 2003); aus der Zeit vorher wird von einigen Übersetzungen Paul Celans berichtet, von denen jedoch nur ein einziges Gedicht erhalten geblieben ist. Die Inspektor-Morse-Bücher des englischen Autors Colin Dexter (1930-2017) und noch mehr die daraus entstandenen Fernsehserien (*Inspektor Morse, Der junge Inspektor Morse, Lewis*) dürften einiges dazu beigetragen haben, die Popularität Housmans auch in Deutschland zu befördern. Dexter war offensichtlich ein begeisterter Housman-Leser, denn die Morse-Geschichten sind gespickt mit Zitaten aus dem Werk des Dichters.

Kleine Knobelei: Nun trägt die Kirsche

Dieses Gedicht aus dem ersten Teil des *Shropshire Lad* wäre eigentlich kein großes Rätsel, wenn da nicht die etwas schrullig anmutende zweite Strophe wäre, die schon mindestens einen Übersetzer auf eine falsche Fährte gelockt hat:

Now, of my threescore years and ten,
Twenty will not come again,

And take from seventy springs a score,
It only leaves me fifty more.

Das Wort *score* wird auch als Ausdruck für die Zahl zwanzig verwendet und, in Kombination mit anderen Zahlen, für Vielfache von zwanzig. Dementsprechend bedeutet threescore sechzig und fourscore achtzig; threescore and ten sind siebzig, das Alter, das die Bibel einem Menschen als normale Lebensdauer zubilligt. Von diesen siebzig Jahren hat der Sprecher schon zwanzig verbraucht, er ist also zwanzig Jahre alt. Infolgedessen bleiben ihm noch fünfzig übrig:

Von siebzig Jahren, zugestanden,
kamen zwanzig schon abhanden,
zieh ich die von siebzig ab,
bleiben fünfzig bis zum Grab.

In der dritten Strophe räsoniert der noch junge Sprecher darüber, dass die verbleibenden fünfzig Jahre nicht viel Zeit sind, die Kirschblüte zu genießen. Er zieht für sich daraus den Schluss, dass er auch die Zeit nutzen muss, in der die Kirschbäume mit Schnee bedeckt sind. Kältere Zeiten also.

Um mich zu laben an dem Traum
sind fünfzig Maien wenig Raum,
so werd ich durch das Waldland gehen,
um Kirschen schneebedeckt zu sehen.

Es geht also darum, die kurze Zeit des Lebens zu nutzen, auch wenn nicht immer alles golden glänzt. Die verwendete Symbolik, das Weiß der Kirschen und des Schnees als Zeichen der Unschuld, die Osterzeit als Zeit der Auferstehung und des Aufbruchs, ist ambivalent. Einerseits lässt sie die Möglichkeit eines Neubeginns anklingen, die uns gegeben ist, so lange wir bei Kräften sind, andererseits zeigt sie auch die Grenzen auf. Während der Natur immer wieder ein Neubeginn möglich ist, hat der Mensch diese Möglichkeit nur sehr beschränkt.

Die langgezogene Kalkulation der Restlebenszeit in der zweiten Strophe verstärkt den pessimistischen Einschlag des Gedichts. Der Sprecher ist keiner, der jeden Augenblick mit

Freude genießen kann, sondern eher ein Mensch, dem das Nachdenken über die Begrenztheit des Daseins schon mit zwanzig Jahren die Stimmung dämpft.

Das Lied der Vergänglichkeit: Bei Wenlock Edge

Uricon war der Name einer römischen Siedlung, die dort stand, wo sich heute der Ort Wroxeter befindet. Hier, am Fluss Severn, fünf Meilen südöstlich von Shrewsbury, befand sich die viertgrößte Stadt des römischen Großbritanniens.

Der Protagonist des Gedichts, der Shropshire-Bursche Terence Hearsay, ist zugegen, als der Sturmwind durch die Wälder beim Wrekin tobt, einem Hügel in der Nähe der Stelle, wo einst das römische Uricon stand.

> Bei Wenlock Edge ist Not im Wald,
> der Wrekin hebt sich, senkt sich wieder,
> der Sturm erwischt den Schößling kalt
> und Blattschnee geht auf Severn nieder.

Der Wald ist in Aufruhr und am härtesten trifft es die jungen Bäume, die dem tosenden Sturm nichts entgegenzusetzen haben. Hearsays Gedanken wenden sich den Römern zu, die zweitausend Jahre vor ihm gebannt auf diesen Hügel starrten und dieselben Erfahrungen der Naturgewalten machten wie er (Strophen 2 bis 3):

> Er blies schon damals durch die Flanken
> als Uricon, die Stadt, noch stand,
> der alte Wind, auch ohne Schranken,
> der anderen Wald als Gegner fand.

> Es waren Römer, die vor mir
> gebannt auf diese Hebung starrten;
> das Blut, das wärmte, war schon hier,
> und die Gedanken, die sie narrten.

Aber, denkt er weiter, diese Römer waren nicht nur den denselben Naturgewalten ausgesetzt wie ich. Auch die restlichen Widrigkeiten ihres Lebens waren nicht so viel anders als die meinigen (Strophe 4):

> So wie der Wind den Wald in Wut
> blies Lebenssturm sie, der nicht wich,
> damit der Menschenbaum nicht ruht,
> die Römer nicht, und auch nicht ich.

Die Römer, so stellt er weiterhin fest, sind längst tot, so wie Uricon und alles andere, was sie bewegte und sorgte (letzte Strophe):

> Der Sturm erwischt den Schößling kalt,
> er bläst so stark, doch schwindet schon,
> was Römer sorgte, ist schon alt
> und Asche unter Uricon.

Dem Leser bleibt die Vollendung des Gedankens überlassen: Auch Hearsays Tage sind gezählt. Nur die Stürme, der Sturmwind und die Stürme des Lebens, werden nicht vergehen.

Das Gedicht ist so leicht lesbar und eingängig, dass seine filigrane Schichtung uns nicht verwirrt. Wir schlagen leicht die Brücke vom Heute des Terence Hearsay zu der längst vergangenen Epoche der Römer und werden uns des Vergänglichen und des Bleibenden gewahr. Vergänglich sind Bäume und Menschen; die Gewalten, welche sie bedrohen, überdauern dagegen die Zeit. Ebenso leicht erkennen wir die Betrachtungsebenen in der sachlichen Dimension. So wie die Stürme die Bäume bedrohen, und unter ihnen besonders die jungen, so plagen die Lebensstürme die Menschen. Und auch unter den Menschen sind es besonders die jungen, die am wenigsten geschützt sind. Man denke nur an all die Kriege.

Der Tod in Schönheit: Mein Herz will sie nicht lösen

Dies ist eines der kürzesten Gedichte Housmans und vielleicht klanglich das schönste.

> With rue my heart is laden
> for golden friends I had …

so beginnt das Original. Mit Reue ist das Herz des Sprechers erfüllt, weil er die guten Freunde verloren hat. Die Übersetzung gibt dies nicht wörtlich wieder, weil sie auch der Erhaltung des Klangs verpflichtet ist:

> Mein Herz will sie nicht lösen
> die Bande, doch es muss,
> zu Mädchen mit Lippen wie Rosen
> und Burschen mit leichtem Fuß.

Dass die Freunde tot sind, ahnt der Leser, obwohl der Tod weder in der ersten noch in der zweiten Strophe explizit erwähnt wird. In der zweiten Strophe wird der Sprecher allerdings ein wenig deutlicher. Ein „Bach, zu breit zum Springen" und ein „Feld, wo Rosen verklingen" dienen als Metaphern für das Hinscheiden der Freunde.

> By brooks too broad for leaping
> The lightfood boys are laid;
> The rose-lipt girls are sleeping
> In fields where roses fade.

> Der Bach, zu breit zum Springen,
> säumt leichter Füße Rast,
> ein Feld, wo Rosen verklingen,
> hat Rosenlippen zu Gast.

Wie es dazu kam, dass sie starben, wird nicht erwähnt und auch nicht angedeutet. Da es junge Menschen waren, die starben, könnte es sich um kriegerische Auseinandersetzungen gehandelt haben.

Bemerkenswert ist die „Verschönerung" des Todes durch Sprache und Klang. Mehr als ihren Tod scheint der Sprecher zu bedauern, dass er nicht am Geschick der Freunde teilhaben kann. Nicht von Trauer oder Mitleid ist die Rede, sondern von Reue, wenn er an sie denkt. Diese Sehnsucht nach dem Tod in der Jugend findet man auch in vielen anderen Gedichten Housmans.

Das Ende der Träume: Wie klar, welch schönes Licht

In wunderschönen Klängen wird hier die Geschichte eines Lebens erzählt, das mit großen Hoffnungen und Vorsätzen beginnt und in Resignation endet.

Housman schrieb dieses Gedicht in den 1880er Jahren, als er nach seinem Scheitern im Examen beim Patentamt arbeitete. Mag sein, dass dieses Scheitern den Pessimismus beförderte, der das Werk durchzieht. Er hat es übrigens zu Lebzeiten nicht publiziert. Erst kurz nach seinem Tod wurde es von seinem Bruder Laurence Housman in dem Sammelband *A.E.H.* veröffentlicht. Den Liebhabern englischer Krimis könnte das Gedicht aus den Inspektor-Morse-Romanen bekannt sein. Als er den Titel für den letzten Roman der Serie festlegte (*The Remorseful Day*), ließ sich Colin Dexter von Housmans Versen inspirieren.

Im Gedicht wird das Leben gedanklich zu einem einzigen Tag zusammengezogen, der mit einem herrlichen Morgen beginnt. Wie ein aus seinem Käfig befreiter Vogel zieht dieser Morgen von Osten herauf:

Wie klar, welch schönes Licht,
die morgendliche Sicht,
wenn sich die Strahlen zeigen;
wie lacht der Himmel frei heraus,
wo, wie ein Vogel ohne Haus,
vom Wasser tief im Osten aus
die Stunden herrlich steigen.

Die zweite Strophe beginnt mit einer Selbstbeschwörung des Sprechers, in der dieser seine Stärke betont. Aus dem weiteren

Text erfahren wir, dass er einen Vorsatz gefasst hatte, den er jedoch nicht verwirklichen konnte. Jetzt aber soll es gelingen:

> Heut bin ich stark genug,
> nicht mehr soll mir zum Trug
> das Leben sich entziehen;
> die Zeit, verloren, weiß nicht wie,
> heute finde, greif ich sie;
> den alten Schwur, gehalten nie,
> ich werde ihn vollziehen.

Zwischen der zweiten und der dritten Strophe liegt offensichtlich einige Zeit. Denn nun ist offenbar, dass der Schwur, von dem in der zweiten Strophe die Rede war, doch nicht vollzogen worden ist. Entweder ist seine Erfüllung nun nicht mehr möglich, weil der Sprecher zu alt ist, oder ihn hat die Resignation gepackt. Der Schwur „füllt den Himmel rot und stirbt den schweren Tod":

> Er füllt den Himmel rot
> und stirbt den schweren Tod,
> im Westen liegt sein Grab;
> jenseits von allen Sinnen,
> nicht wieder zu gewinnen,
> wie Wasser, die verrinnen
> sinkt reuevoll der Tag.

Selten ist die Erkenntnis des Versagens mit so schönen Worten beschrieben worden.

Trumbull Stickney, der Ruhelose

Ist ein Nomadenleben leichter zu verkraften, wenn es nicht von Existenzsorgen begleitet ist, sondern sich im Wohlstand vollzieht? Joseph Trumbull Stickney, Sohn reicher und reisewütiger Kosmopoliten und selbst einer geworden, war nicht glücklich in seiner Ruhelosigkeit. Andererseits verdanken wir diesem Wesenszug viele schöne und einige wundervolle Gedichte. Die Ruhelosigkeit und das Nichtverharrenkönnen sind die zentralen Themen seines dichterischen Schaffens. Die beiden vielleicht schönsten seiner Gedichte, *In Ampezzo* und *Mnemosyne*, handeln davon, das erste in Form einer vorausschauenden Überlegung, das zweite als Rückschau auf Verlorenes.

Stickney, ein brillanter Altphilologe, der auch Französisch wie seine Muttersprache beherrschte, hatte viel von den französischen Symbolisten gelernt. Seine Gedichte sind perfekt konstruiert, wohlklingend, voll von Symbolik und Allegorien. Dabei verlässt er aber nie den Boden der Grammatik und der sinnvollen Aussage, so dass die Verse auf jeder Stufe des Verstehens Vergnügen bereiten.

*

Stickneys Familie begann ihr Nomadenleben schon lange vor seiner Geburt. Austin Stickney, Trumbull Stickneys Vater, unterrichtete bis 1864 am Trinity College in Hartford Latein und Griechisch. 1863 heiratete Austin Stickney die elf Jahre jüngere, eigenwillige und reiche Harriet Trumbull. Ein Jahr später begannen die Stickneys auf Betreiben von Harriet zu reisen, unter anderem nach Rom, Paris, Dresden, Nizza, Florenz, Genf; London und Venedig. 1879 kehrte die Familie in die USA zurück, um in New York ein Haus zu erwerben, war aber auch in der Folgezeit häufig monatelang in Europa unterwegs.

Trumbull Stickney wurde im Juni 1874 in der Nähe von Genf geboren, also mitten in der Reisephase der Familie. Er war das dritte Kind von vieren und der erste Sohn. Anstelle einer Schulausbildung bekam er eine gründliche Unterweisung in den klassischen Fächern durch seinen Vater, der ihm außerdem das Violinspiel beibrachte.

[139]

1891, im Alter von 17 Jahren, unterbrach Stickney sein nomadisches Leben und ging nach Harvard, wo er nicht nur Griechisch und Latein studierte, sondern auch Sanskrit und Philosophie. Obwohl er ein sehr erfolgreicher Student war, fühlte sich Stickney in Harvard nicht wohl. Die Ausbildung befand sich dort im Umbruch, entfernte sich von den klassischen Themen. Zu „literarisch und zu damenhaft" für das damalige Harvard beschreibt George Santayana den Studenten Stickney. Nichtsdestotrotz schloss dieser in Harvard Freundschaft mit einigen Persönlichkeiten, die literarisch und intellektuell mit ihm auf einer Linie lagen. Er wurde sogar Mitherausgeber des *Harvard Monthly*, einer literarisch orientierten Zeitschrift, in der er eigene Gedichte, literarische Essays und Buchbesprechungen veröffentlichen konnte.

Stickney verließ Harvard 1895 nach dem Examen und schloss sich wieder seiner in Europa nomadisierenden Familie an. Von 1895 bis 1903 hielt er sich die meiste Zeit in Paris auf, wo er an der Sorbonne das begehrte und elitäre *doctorat ès lettres* anstrebte, ein Doktorat in den Geisteswissenschaften, das bis dahin noch keinem Amerikaner verliehen worden war. Stickney schrieb hierfür zwei Dissertationen, eine in Latein und eine in Französisch, und überzeugte die Prüfungskommission bei der mündlichen Abschlussprüfung im März 1903. Der Titel wurde ihm *summa cum laude* verliehen, also mit der Bestnote.

*

Bereits 1902, also noch während des Doktorandenstudiums, hatte Stickney seinen ersten Gedichtband *Dramatic Verses* veröffentlicht. Es sollte der einzige Gedichtband bleiben, den er zu Lebzeiten publizieren konnte. Die Auflage war mit 200 Exemplaren sehr klein. Man merkt dem Band an, dass die Gedichte aus weit auseinanderliegenden Schaffensjahren (1894-1902) stammen, in denen sich der Autor an unterschiedlichen Formen und Stilen versucht hat. Ungeachtet dessen enthält das Buch einige der schönsten Werke Stickneys, unter anderem die bereits genannten *In Ampezzo* (1898) und *Mnemosyne* (1902).

*

Nach dem Abschluss seiner Pariser Studien 1903 unternahm Stickney eine mehrwöchige Reise nach Griechenland, die ihn zu einigen schönen Sonetten inspirierte. Das bekannteste davon ist *Near Helikon* (*Beim Helikon*), das zu seinen besten Gedichten zählt.

Nach der Griechenlandreise kehrte Stickney als Dozent nach Harvard zurück. Ein früherer Lehrer und Freund hatte ihm einen Posten vermittelt, auf dem er, nach seinen eigenen Worten, viel Zeit nebenher hatte, um den Dingen nachzugehen, die er liebte. Aber auch in dieser Zeit schien er sich in Harvard nicht wohl zu fühlen. Hinzu kamen bald Probleme mit der Gesundheit. Er klagte über Müdigkeit und Kopfschmerzen, über Beeinträchtigungen des Seh- und des Hörvermögens. Die Depressionen, von denen er bereits in der Jugend geplagt war, verstärkten sich.

Als er sich schließlich in ärztliche Behandlung begab, stellte man einen unheilbaren Gehirntumor fest. An seinen Gedichten arbeitete er trotzdem weiter. Am 11. Oktober 1904 bekam er Krämpfe und fiel ins Koma. Einen Tag später starb er im Alter von dreißig Jahren. Er wurde auf dem Familiengrundstück in Hartford begraben.

*

George Cabot Lodge, John Ellerton Lodge und William Vaughn Moody, die während des Studiums in Harvard seine Freunde geworden waren, kümmerten sich um Stickneys literarisches Vermächtnis. Unter dem Titel *The Poems of Trumbull Stickney* gaben sie 1905 die erste umfassende Sammlung seiner Gedichte in einer geringen Auflage heraus. In der Folgezeit geriet seine Poesie jedoch in Vergessenheit. Erst 1966 erfuhr Stickney durch eine neue, von A.R. Whittle herausgegebene Gesamtschau seiner Werke eine Wiederentdeckung. Seither finden sich in den meisten Anthologien der amerikanischen Poesie einige seiner Gedichte. Übersetzungen ins Deutsche gab es meines Wissens bis heute nicht.

Ein Bild der Zerrissenheit: In Ampezzo

In zwanzig vierzeiligen Strophen, auf die sich sieben sehr un-
gleich lange Sätze verteilen, beschreibt der Sprecher seine Ein-
drücke in der Natur um das herbstliche Cortina d'Ampezzo.
Die Stadt selbst und ihre Bewohner spielen keine Rolle dabei.
Tatsächlich handelt es sich nicht nur um eine Naturbeschrei-
bung, sondern auch um die Schilderung eines Seelenzustands
und seiner Schwankungen. Mit Bezug auf diese Schwankun-
gen kann man die Beschreibung in fünf Phasen unterteilen.
   Die erste Phase fällt mit dem ersten Satz zusammen. Dieser
ist der längste des Gedichts. Er erstreckt sich über neun Stro-
phen und verlangt dem Leser einiges an Spürsinn ab, denn dem
Textfluss ist nicht leicht zu folgen. Der Hauptsatz beschränkt
sich auf die erste Strophe und besteht aus zwei Feststellungen,
die im Original durch einen Gedankenstrich, in der Übersetz-
ung durch ein Komma getrennt sind.

Nur einmal noch kommt das „Nicht mehr",
schütteln Lärchen dieses Echo in den Wind,
und sehen wir im Bogen, blau und schwer,
des Himmels Böden, die darunter sind,

zwischen der Tofana und Cristallo liegend
in Wiesengründen über Klingelflüssen:
daraus vielleicht gemäße Sehnsucht fliegend,
mit Zögern, wie auf Träumerfüßen,

am Abend, südlich, am Aufschwung des Cadores
unter grünem welschem Himmel, oder fort
in Morgenstille hinterm Lavinores,
hin nach Tirol und weiter Richtung Nord:

da nun, wo auch der letzte späte Tag vergeht,
der Bauer braungetönte Felder abarbeitet
und mäht, wo Gras und Bergklee steht
und sich die Sonne herbstlich breitet,

mit Honigduft, der dich umschwebt und lau
in warmem Labyrinth zum Atem reicht,
wie zartes Gleiten, mit dem eine Frau
dir mit den Fingern durch die Haare streicht;

wenn Sensen zischen und Mäher mit Kraft
den Bogen spannen im Vor und Zurück,
wenn die Sichel ins Korn rauscht aus trockenem Schaft,
sich fängt und löst und geht mit Klick,

weit durch den blauen Tag und grüne Wiesen,
wo Garben sich als Bernsteinperlen geben,
und Wolkenschatten, die darüber fließen,
ein dunkles Tuch um Grund und Blätter weben:

indessen nah die Häupter wie aus Eisen
im Himmel stecken wie die Pyramiden
und ihre Schluchten und die Pfeiler gleißen
der bräunlich-grauen, öden Dolomiten, -

und sich ergießt von einer schmalen Spitze
Geröll in Strömen, älter als Verfallensein,
wie ein Komet hinunter in der Mittagshitze
und schlägt im Schotterbecken ein.

Die erste Feststellung spricht von den Lärchen, welche „ein
Echo in den Wind schütteln", das klinge wie „nicht mehr"
(„not again") und das auch nicht mehr wiederholt werde. Der
Leser merkt bereits hier, dass es dem Sprecher nicht primär um
eine realistische Schilderung der Naturphänomene geht, son-
dern um seine Eindrücke. Seine Sprache ist, auch im weiteren
Verlauf, reich an plastischen Bildern und Analogien.

Die zweite Feststellung ist, alleine für sich, profan: unter
dem schweren, blauen Himmel breite sich die Ebene aus oder,
in der bildhaften Sprache des Sprechers, der Himmel wölbe
sich wie ein Bogen über die Böden. Diese Aussage wird im
Folgenden ergänzt durch zahlreiche Einzelbeobachtungen von

Herbsterscheinungen, die sich in Nebensätzen über acht Strophen erstrecken. Offensichtlich gibt es unter diesen Beobachtungen solche, die beim Sprecher angenehme Empfindungen wecken und teilweise auch schöne Erinnerungen und Sehnsüchte wachrufen. So wie die grünen Böden über den klingenden Flüssen in Strophe 2 und die Ernte unter der Herbstsonne, deren begleitende Luftströmungen ihn an eine Frau denken lassen, welche ihre Finger durch sein Haar gleiten lässt (Strophe 5).

Doch die Eindrücke des Sprechers sind nicht alle positiv. Zwar spricht er nicht explizit über seine Empfindungen, aber die Wortwahl bei seiner Beschreibung der Phänomene in den Strophen 7 – 9 spricht eine beredte Sprache. In Strophe 7 wird die negative Wertung der letzten beiden Zeilen (Wolkenschatten, ein dunkles Tuch) besonders deutlich, weil sie unmittelbar auf einen positiven Eindruck folgt (die Garben als bernsteinfarbene Perlen auf der Wiese). Der Sprecher erscheint hin- und hergerissen zwischen Entzücken und Unbehagen. Auch die Beschreibung in Strophe 8 ist zwiespältig, verknüpft sie doch einen strahlend blauen Himmel aus der vorherigen Strophe mit der Trostlosigkeit der Dolomitengipfel. Strophe 9 bringt dann den dazu passenden freudlosen Abschluss: das Geröll von den Gipfeln schlägt im Schotterbecken ein.

Der Sprecher ist in dieser ersten Phase seiner Gedankenreise durch die Natur von einem Wirrwarr der Gefühle beherrscht, der sich in einer höchst subjektiven Bewertung der Naturerscheinungen niederschlägt. Positive Gedanken streiten mit negativen, wobei letztere leicht im Vorteil sind. Selbst das Gefühl des Sprechers, dass der Sommer endgültig sein Ende erreicht hat, trägt den Tatsachen nur beschränkt Rechnung, denn offensichtlich herrscht in seiner Umgebung zur Zeit der Schilderung ein herrlicher Altweibersommer.

In der zweiten Phase seiner Überlegungen, welche die Strophen 10 bis 13 umfasst, löst sich der Sprecher etwas von der unmittelbaren Umgebung. Er schweift ab und verfällt in Erinnerungen:

Und nun verblassen sachte Sommerbilder
die goldgefärbter Amethystenherbst verhielt,
und sanfte Träume werden wieder stärker
auf edlen Gamben, lange nicht bespielt,

von manchem Winkel, wo wir wandern,
innigst erinnernd und so schnell verlassend, -
am trüben Ufer eine Kiefer, und Oleander,
den See sich röten lassend.

Und hier, von Jahr zu Jahr uns mehr vertraut,
von Vögeln und aus manchem Waldesstück,
und auch vom Meer, das seine Wogen baut,
erheben sich die Dämpfe von Musik.

Aus vielen Osten schickt der Morgen Pracht
die Schatten nehmen schnell vergessene Farben mit,
das Abendrot hat sich im Rückblick sanft gemacht,
deckt sich mit mattem Violett.

Es sind angenehme Erinnerungen an den Sommer, nicht nur an
den unmittelbar vergangenen, sondern auch an frühere, wie uns
Strophe 12 suggeriert. Strophe 13 offenbart, dass die Träume-
reien des Sprechers und seine Erinnerungen an Schönes keines-
wegs an Ampezzo gebunden sind. „Aus vielen Osten" spendet
der Morgen seine Pracht, also auch an vielen anderen Orten.
   Der ruhige Ton der zweiten Phase, der uns fast dazu bewegen
könnte, dem Sprecher ein ausgeglichenes und unbeschwertes
Wesen zuzuschreiben, nimmt mit Strophe 14 ein jähes Ende.
Die nun einsetzende dritte Phase ist durch eine fast panische
Aufbruchsstimmung geprägt (Strophen 14 und 15):

Nur weg von hier! Bald wird ein Wintertuch gelegt,
das sich metallen um entfärbte Berge hüllt,
wogegen anderswo der Frühling Blüten webt,
und sie mit Rosenduft erfüllt.

Nur weg! Weil das Gebirge im Geröll versinkt.

Vergessen wir den Unglücksort im Gehen,
und lassen wir, so dies Erfüllung bringt,
sie uns im Neuen, Fremden sehen

Es ist eine Aufwallung von Flüchtenwollen, die den Sprecher
hier erfasst. Und wieder hat man den Eindruck, dass die düstere
Stimmung des Sprechers ihn zu negativen Eindrücken kommen
lässt, die der Realität entrückt sind. Doch selbst in diesem
heftigen Anfall von Gefühlen ist der Sprecher nicht ohne Zweifel.
Dies belegen die beiden letzten Zeilen von Strophe 15, wo
er die Erwartung an die Erfüllung durch das Neue und Fremde
recht skeptisch äußert („so dies Erfüllung bringt").

Diese Skepsis wird in der nun folgenden vierten Überlegungsphase
mit neuen Ideen gefüttert. Ob es denn nicht besser
sei, zu verharren, sich auf das Schöne zu konzentrieren, von
dem man bereits umgeben sei, als stets Reißaus zu nehmen. Die
Strophen 16 und 17 gehören zu den schönsten des Gedichts:

Es wär' denn besser, wir wären kaum umlebt,
dass uns das Monoton als Gott erscheine,
und wir vom Schönen, das uns einbezieht
nur eine Liebe lieben, nur die eine,

für diesen kurzen Schatten, den wir leben,
die Zeit, die unsere Herzen magisch singen,
dass wir das Fieber messen, alles geben
in eines nur von allen Dingen?

Erstaunt es uns nach all der Zerrissenheit, die der Sprecher
schon an den Tag gelegt hat, dass auch dieser Gedanke schon
zu Beginn mit Skepsis belegt wird? Schon in den ersten beiden
Zeilen von Strophe 16 wird er als „Monoton" desavouiert und
seine Wirksamkeit an ein Leben gebunden, das keinen Ablenkungen
unterworfen ist („kaum umlebt"). Ist sich der Sprecher
seiner selbst sicher? Könnte er dem Flüchtenwollen standhalten,
wenn er es wollte? Er hat jedenfalls einen Versuch gemacht,
wie er in der letzten Phase seiner Betrachtung offenbart.
Er ist an den echten und gedachten Produkten des herbstlichen

Verfalls vorbeigestiegen und hat ein Sträußchen Akelei gefunden, das zwischen den Büschen versteckt war:

So wie auch hier, vorbei an stumpfer Traurigkeit,
mit der die kranken Berge am Vergehen leiden,
sich abendroter Herbst und Sommerzeit
ins Tal hinab zergleiten;

und all die Himmelsstriche, die als Saum
Sorapiss und Mezzodi-Fels bemessen,
zerbröckeln auf dem Weg aus Schaum,
der blauen See zum Fressen:

wogegen ich im Morgengrau mit Zitterhand,
schon hoch, an Moos und Kieferntod vorbei,
versteckt in Hecken dieses Sträußchen fand
von blauer Alpenakelei.

Die Abschlussstrophe liest sich weniger wie ein Testat für erfolgreiches Beharren als vielmehr wie eine Beschwörung. Das Bewundern und Pflücken einer Akelei ist nicht schon das Gelingen. Es ist nur ein Beispiel, wie das Verharren gelingen könnte. Auch der Sprecher ist sich dessen bewusst. Er pflückt das Sträußchen mit zitternder Hand.

In Ampezzo ist ein perfekt konstruiertes Gedicht. Bestünde es nur aus den Natureindrücken, so würden wir den Sprecher vielleicht als jemanden einschätzen, der an allem, selbst am Schönsten, etwas auszusetzen hat. Erst die Ausflüge des Sprechers in die Träumerei und seine Reflektionen über die Beschränkung auf das Momentane lassen uns der Verbindung zwischen der Beschreibung und seiner Seelenlage, seiner Zerrissenheit, gewahr werden. Diese Zerrissenheit, so erkennen wir, beschränkt sich nicht auf die Entscheidung, ob es besser sei, noch am Ort zu bleiben oder abzureisen. Sie umfasst auch seine Beziehungen, sein ganzes Leben.

Die ausgefeilte Konstruktion des Gedichts und die durchdachte Ausgestaltung der Sprecherpersönlichkeit erinnern an die Arbeiten von E. A. Robinson. Robinson war der erste, der das Potential, das im Wesen des Sprechers liegt, voll ausgeschöpft hat. Seine Sprecher sind weder allwissend noch erzählen sie in reflektierter Weise die eigene Geschichte, sondern sie sind Menschen mit realistischer Persönlichkeit. So ist dies auch bei dem zerrissenen, stets zur Flucht bereiten Sprecher in Stickneys *Ampezzo*. Stickney war zur selben Zeit in Harvard wie Robinson. Es ist also nicht unwahrscheinlich, dass er bei der Sprechergestaltung von Robinson beeinflusst war.

Erinnerung an eine bessere Zeit: Mnemosyne

Mnemosyne ist eine Gestalt der griechischen Mythologie, die als Göttin der Erinnerung gilt. Nimmt man den Text wörtlich, so geht es in dem Gedicht um ein Land, das dem Sprecher vertraut ist und in dem er früher glücklich mit seiner Familie gelebt hat. Von dem früheren, glücklicheren Zustand berichtet der Sprecher zunächst in den ersten vier dreizeiligen Strophen. Aus den Einzeilern, welche den Dreizeilern jeweils nachfolgen, erfahren wir, dass das Glück Vergangenheit ist.

> Wie warm der Wind war, der dort blies!
> Und wie die Schatten an den Hängen schliefen,
> als süßes Licht dem Tag Bestand verhieß.

> Kalt ist's im Land, an das ich denke.

Am Ende des Gedichts wird die Form variiert. In zwei unmittelbar aufeinander folgenden Dreizeilern geht es um den jetzigen Zustand des beschriebenen Landes und darum, wie es zu diesem Zustand kam.

> Der Weg, der bergwärts, wo ich lebte, geht
> ist voll von Rinderspuren und gefallenen Bäumen,
> die Stümpfe hat der Sturm aus Wut verdreht.

> Wenn ich nicht wüsste, dieses Land ist mein,
> dann fragte ich, wie kann solch Kümmernis beladen
> das Land, und mich, mit Dort-alleine-Sein.

Allerdings beschränkt sich der Sprecher auf Andeutungen. Immerhin erfahren wir, dass es sein eigenes Land ist, von dem er spricht, und dass er deshalb den Grund für die Veränderung zum Schlechten kennt, dass er aber Schwierigkeiten damit hat, das Geschehen zu verarbeiten.

Wenn wir wollen, können wir das Gedicht im Sinne des Wortlauts verstehen: Durch irgendwelche Umstände, selbst verschuldet oder durch fremde Einwirkung, hat der Sprecher seine Familie verloren und seine Besitztümer sind beeinträchtigt worden. Begnügen wir uns mit dieser Interpretation, dann ist es kein tiefes Werk, aber immerhin überaus wohlklingend und in perfekter Abstimmung von Inhalt und Form.

Befriedigender ist jedoch eine Deutung, welche das Geschehen auf eine andere Ebene hebt. Es geht nicht um ein konkretes Land, das dem Sprecher durch Verwüstung und Verlust seiner Lieben unwirtlich geworden ist, sondern um seine Lebensumstände und seine psychische Verfassung. Nicht ein bestimmtes Land ist ihm unwirtlich geworden, sondern die ganze Welt.

Nutze die Zeit: Leb blind dein Leben

Carpe-Diem-Gedichte gibt es viele, aber dieses Sonett ist etwas ganz Besonderes. Es glänzt durch eine vollkommene Harmonie zwischen Inhalt, Form und Ton. Letzterer ist noch recht sachlich im ersten Vierzeiler. Zwar wird schon in der ersten Zeile die Hauptbotschaft ausgegeben, aber dies geschieht nur, um die Richtung abzustecken. Die folgenden drei Zeilen erklären in nüchterner Form, weshalb es sich nicht lohnt, passiv auf das Glück zu warten. Diese Begründung hat es in sich:

> Leb blind dein Leben, lass die Stunden kommen,
> der Herr, die Zukunft, starb vor langer Zeit,
> verrückt ist Wissen, die Vergangenheit.
> Du armes Kind, sei dir nicht selber abgenommen.

Im zweiten Vierzeiler verlässt der Sprecher die Sachlichkeit. Den Angesprochenen wird Mut gemacht durch Hinweis auf die Umstände, welche die eigene Entfaltung begünstigen. Dass dies nicht mit konkreten Hinweisen geschieht, sondern ausschließlich anhand von Symbolen, ist kein Nachteil, denn diese erzeugen einen Eindruck von Loslösung.

> Um deine Erde bläst der Sonnenflügelwind,
> Planeten rollen, ein Meteor, den Degen in der Hand,
> der Regenbogen bricht sein Siebenfarbenband,
> der Fluss zieht Streifen, die aus Silber sind.

Der abschließende Sechszeiler klingt euphorisch und mitreißend. Er wird von einem kurzen Ruf eingeleitet, welcher die Adressaten in Aufbruchsbereitschaft versetzt. Die darauf folgende Beschwörung vertieft nicht zuletzt durch die Wortwahl mit ihren Anklängen an Schönheit, Flug, Sonne und Nacktheit die Bereitschaft zum Aufbruch:

> Wach auf! Lern dich den schönen Stunden hinzugeben.
> Trink ihre Lippen, fang den Traum im Flug
> um ihrer zarten Lippen dünnes Gold.
> Gottgleich lebst du, Apollo ist dir hold,
> den nackter Sprung ins Sonnenleuchten trug
> und seine ganze Insel ließ zu Blumen beben.

Wie soll man das Unsagbare sagen? - Anbetung

Dieses kleine Gedicht ist bislang kaum in einer Anthologie zu finden. Dabei hat selten jemand mit so schönen Worten gesagt, dass er sich schwer tut mit dem Ausdruck seiner Gefühle.

> Sei nicht böse, Liebling, dass ich singe
> als wär's ein abgedroschenes Gedicht,
> nein, nein, beklage nicht
> was ich so kindisch rüberbringe.

> Es ist vielleicht gar nicht mein Wille
> was mein Gemurmel so bemisst,
> was ich nur sicher weiß, das ist
> es hämmert gegen meine Stille,

Es bläst ein langer Wind mein Herz entlang,
unentwegt haucht er es an
weht er an mir und irgendwann
kniet sich mein Leben zum Gesang.

Der Gehalt an „harter" Information ist minimal. Und doch ist es keineswegs so, dass uns der Sprecher in einen Nebel vager und unverständlicher Sätze hüllte, wie man ihn von Politikern manchmal vernimmt. Alle Sätze des Gedichts sind konkret und exakt, aber was sie beschreiben, sind Bilder aus einer Traumwelt. Wir haben es hier mit einem jener Gedichte zu tun, von denen A.E. Housman in seiner berühmten Vorlesung *The Name and Nature of Poetry* sagte, dass sie den Leser in ein Netz gedankenlosen Entzückens hüllen.

Edward Thomas und die Quadratur des Kreises

Ist es möglich, Metren und Reime zu benutzen und gleichzeitig im Konversationston zu schreiben? Kommt dies einer Quadratur des Kreises nahe? Edward Thomas war der Meinung, dass man beides verbinden könne. Er schätzte die wohlklingenden, in präziser Sprache verfassten Gedichte von William Wordsworth und Thomas Hardy, verabscheute aber die ebenfalls wohlklingenden Verse von Algernon Charles Swinburne, die ihm zu vage und zu sehr an der bloßen Klangerzeugung orientiert erschienen. Dies bedeutete aber nicht, dass er die Verse von Wordsworth oder Hardy als Vorbild für seine eigenen betrachten wollte. Thomas strebte einen einfachen, ausdrucksstarken und verständlichen Schreibstil an, welcher der gesprochenen Sprache nahekam. Diesen Stil verband er mit klassischen Metren und Reimen, die er jedoch nicht strikt einhielt und denen er niemals den Vorrang vor dem Inhalt gewähren wollte. Ein typisches Gedicht dieser Art, und eines seiner besten, ist *Hohe Nesseln* (*Tall Nettles*). Hier ist die erste der beiden Strophen im Original und in der Übersetzung:

Tall nettles cover up, as they have done
These many springs, the rusty harrow, the plough
Long worn out, and the roller made of stone:
Only the elm butt tops the nettles now.

Die hohen Nesseln sind, wie jeden Frühling, eine Decke
für den altersschwachen Pflug, die rostige Egge
und für die Walze, hergestellt aus Stein;
nur den Ulmenstamm holt keine Nessel ein.

Hohe Nesseln beschreibt die Schönheit eines jener vielen Winkel, die es auf jedem Hof gibt, und deren Zauber uns gewöhnlich entgeht. Ganz beiläufig wird uns außerdem gezeigt, wie das von Menschenhand gefertigte Gerät von der Natur verschlungen und überwuchert wird.

Die Natur ist das eine Hauptmotiv in den Gedichten von Thomas. Das andere ist die Isolation, die Einsamkeit. Thomas war ein Mensch, der zwar die Gesellschaft nicht mied, der aber wenigen wirklich nahe kam. Selbst im Kreis seiner Familie fühlte er sich selten zuhause; sehr oft flüchtete er für Tage in die Natur. In einem Brief an einen Bekannten schrieb er einmal: „Ich bin nicht dafür geschaffen, Bekanntschaften und Freundschaften zu schließen, fürchte ich. Ich fühle mich daheim in Gesellschaft nicht halb so wohl wie wenn ich im Freien unterwegs bin."

Natur und Isolation treten in vielen von Thomas' Gedichten gemeinsam auf. Die Natur dient in diesen Fällen entweder als Kulisse und Rahmen der Einsamkeit oder Naturerscheinungen werden als Symbole benutzt, um die Einsamkeit und die Hoffnungslosigkeit des Sprechers anzudeuten. Die besondere Beobachtungsgabe, für die Thomas gerühmt wird, konzentrierte sich auf die Natur und das eigene Befinden. Seine Gedichte sind in einem Ausmaß persönlich, wie man es bei keinem anderen bekannten Poeten dieser Zeit findet.

*

Edward Thomas wurde 1878 in London geboren. Seine Eltern kamen aus Wales, der Vater arbeitete als Angestellter bei der Eisenbahn. Edward verstand sich überhaupt nicht mit ihm, zumal der Vater kein Verständnis für seine literarischen Neigungen hatte. Sehr viel später schrieb Thomas ein Gedicht mit dem Titel *P.H.T.*, den Initialen des Vaters, in dem er das zerrüttete Verhältnis mit diesem zum Gegenstand machte.

1894, als Thomas noch die Schule in London besuchte, machte er die Bekanntschaft des erfolgreichen und einflussreichen Journalisten James Ashcroft Noble, der ihn in seinen literarischen Ambitionen bestärkte und der ihm auch zur Veröffentlichung seines ersten Prosawerks *The Woodland Life* verhalf. Nicht lange danach, noch als Student am Lincoln College in Oxford, wo er Geschichte studierte, heiratete Edward Nobles Tochter Helen. Aus der Notwendigkeit heraus, die wachsende Familie zu ernähren, nahm er eine Vielzahl von mäßig bezahlten journalistischen Aufträgen an. Er schrieb Aufsätze, Beiträge zur Naturgeschichte, Biographien, Einführungen zu Büchern, literarische Kritiken und auch Erzählungen. Trotz des enormen Zeitdrucks, in dem er diese Beiträge erstellte, erwarb Thomas sich zumindest mit seinen literarischen Kritiken Anerkennung.

Mit dem Schreiben von Gedichten begann Thomas erst 1914, im Alter von 36 Jahren. Bei einem Besuch in dem Literatenort Dymock in Gloucestershire lernte er den amerikanischen Dichter Robert Frost kennen, dessen Gedicht *North of Boston* er zuvor wohlwollend besprochen hatte. Frost verstand sich auf Anhieb mit dem menschenscheuen Thomas. Auf Frosts Drängen hin entschloss sich Thomas, selbst Gedichte zu schreiben. Bezüglich der Themen und Motive griff er auf seine eigene Prosa zurück. 1916 erschien sein erster dünner Gedichtband *Six Poems*. Aus der Befürchtung heraus, wegen seiner Tätigkeit als Kritiker unfair kritisiert zu werden, publizierte er das Buch unter dem Pseudonym Edward Eastaway. *Six Poems* sollte der einzige Gedichtband bleiben, den er zu Lebzeiten herausgeben konnte.

Robert Frost war wohl der engste Freund, den Thomas je hatte. Von ihm fühlte er sich verstanden und akzeptiert. Hinzu kam, dass die poetischen Leitbilder der beiden einander sehr ähnlich waren. Die Sprache sollte einfach und ungekünstelt sein; Metrum und Reim sollten nicht aufgegeben werden, aber vornehmlich der Vermittlung des Inhalts dienen. Der Inhalt war ihnen mindestens genauso wichtig wie der Klang.

Thomas, der sich selbst und jedem anderen fremd war, fand in Frost einen kongenialen Partner. Als Frost 1915 schließlich nach Ausbruch des Ersten Weltkriegs in die USA zurückkehrte, wollte er Thomas dazu bewegen, nachzukommen. Dieser, ohnehin ein Mann, dem Entscheidungen schwer fielen, konnte sich nicht entschließen, ob er England in Kriegszeiten verlassen sollte. Eines der bekanntesten Gedichte von Frost, *The Road Not Taken*, ist von der Entscheidungsschwäche des Freundes inspiriert.

Im Juli 1915 meldete sich Thomas, verheiratet und Vater von drei halbwüchsigen Kindern, freiwillig zum Kriegsdienst und wurde der Artillerie zugeordnet. Dass das Gedicht Frosts dazu beigetragen hat, wird von manchen vermutet, ist aber nicht sicher. Am 9. April 1917 wurde Edward Thomas bei Arras vom Rückstoß seiner eigenen Kanone getötet.

*

Alles, was Edward Thomas an Poesie geschrieben hat, entstand in den Jahren 1914 bis 1917. Von seinen insgesamt 144 Gedichten wurden nur sechs zu Lebzeiten in Buchform veröffentlicht. Die erste Gesamtausgabe seines poetischen Werks wurde erst 1920, also drei Jahre nach seinem Tod, von Walter de la Mare herausgegeben. Wenn man bedenkt, dass um diese Zeit mit Ezra Pound und T.S. Eliot sich eine Dichtergruppe in den Vordergrund drängte, die einen ganz anderen Stil favorisierte und für diesem Stil auch den Rückenwind der Kritik genoss, dann ist verständlich, dass es für Thomas' Poesie keinen schnellen Durchbruch gab. Er war lange Zeit nur wenigen Eingeweihten bekannt. 1988 erweckte eine Neuausgabe der Memoiren von Helen Thomas das Interesse an Edward Thomas wieder zum Leben. Erst in den letzten zwanzig Jahren wächst in der Poesiegemeinde die Erkenntnis, dass er etwas Singuläres geschaffen hat und einer der großen englischen Poeten des zwanzigsten Jahrhunderts war. Man findet heute in allen großen Anthologien einige seiner Gedichte.

Bezeichnend für seinen völlig eigenständigen poetischen Ansatz ist, dass auch in dem ihm wohlgesinnten Teil der literarischen Fachwelt die Meinung über sein Werk gespalten war und noch heute ist. Manche seiner Verse kommen zwar formgestärkt, aber so ungewohnt spröde und unfeierlich daher, dass es vielen Probleme bereitet, sich für sie zu öffnen. Selbst Walter de la Mare, der Herausgeber der ersten Thomas-Gesamtausgabe, schätzte Gedichte wie *Lights Out* (*Lichter aus*), die eher konventionell waren, mehr als die für Thomas viel typischeren *Tall Nettles* (*Hohe Nesseln*) und *When First* (*Bei meiner Ankunft*). Nur über das unvergleichliche und unsterbliche *Adlestrop* (*Eschenbach*) gibt es wenig Dissens.

Der Moment, als nichts passierte: Eschenbach

Im Original heißt das Gedicht *Adlestrop*, nach einem kleinen Dorf in den Cotswolds (Gloucestershire). Man kann ein solches Gedicht, in dem so viele Eigennamen vorkommen, nur sehr frei übersetzen, und so wurde aus Adlestrop der etwas größere Ort Eschenbach in der Fränkischen Schweiz.. Strophe 1 im Original und in der Übersetzung:

Yes. I remember Adlestrop —
The name, because one afternoon
Of heat the express-train drew up there
Unwontedly. It was late June.

Ich denke oft an Eschenbach,
denn einst, an einem warmen Nachmittag,
hielt dort der Eilzug, außer Plan,
weil irgendwas am Bahndamm lag.

In Strophe 2 wurden aus Weiden, Weidenröschen, Gras, Mädesüß und Heuhaufen Schlehensträucher und Kirschbäume und der Himmel wurde wolkenlos. Im Original waren noch ein paar Wölkchen darin:

And willows, willow-herb, and grass,
And meadowsweet, and haycocks dry,
No whit less still and lonely fair
Than the high cloudlets in the sky.

Und Schlehen, blühend, dicht darüber
ein Kirschenbaum im weißen Kleid,
und hoch am Himmel keine Wolke,
nur helle Bläue weit und breit.

Thomas wurde im Juni 1914 zu diesem Gedicht inspiriert, nur sechs Wochen vor dem Ausbruch des ersten Weltkriegs. Er saß im Eilzug von Oxford nach Worcester, weil er seinen Dichterfreund Robert Frost in dessen Haus in der Nähe von Ledbury besuchen wollte. Als der Zug unerwartet hielt, zückte Thomas sein Notizbuch und schrieb seine Beobachtungen nieder.

[156]

Mit *Adlestrop* ist Thomas ein Gedicht gelungen, in dem Text und Klang eine vollkommene Synthese eingehen. Auch die allerbesten Dichter bringen in ihrem Leben höchstens fünf bis sechs solcher Werke aufs Papier. Die Sprache in *Adlestrop* ist einfach und verständlich. Dem Zuhörer vermittelt sich ein Eindruck der vollkommenen Harmonie und des Friedens. Und obwohl der Sprecher kein Wort über seine Gefühle verliert, wissen wir, dass er im Augenblick der Beobachtung im Einklang mit sich selbst war.

Man könnte beim Lesen des Gedichts darüber sinnieren, „was uns der Dichter sonst noch sagen wollte", über die Beschreibung der Situation hinaus. Es würde uns sicherlich einiges einfallen. Aber wir tun uns selbst keinen Gefallen, wenn wir uns zu schnell von dem wundervollen Eindruck abwenden, den diese Verse in uns entfachen, indem wir uns sogleich auf die Suche nach weiteren Verständnisebenen begeben.

Der Bahnhof von Adlestrop existiert heute nicht mehr. Er wurde 1966 aufgelassen und irgendwann abgerissen. Trotzdem pilgern Jahr für Jahr viele Besucher nach Adlestrop, um die Station zu sehen und vielleicht, mit einigem Glück, die Empfindungen des Dichters nachzuvollziehen. Wo einst der Bahnhof stand, finden sie jetzt eine Sitzbank, auf der ein Schild mit dem Gedicht befestigt ist.

Wenn sie ihre Blätter schütteln: Espen

Wie in *Eschenbach* entbehrt auch in *Espen* (*Aspens*) das geschilderte Naturgeschehen jeder Dramatik. Es handelt sich um das Geräusch, das die Blätter der Espen enfalten:

> Zu jeder Zeit und jedem Wetter, nur im Winter nicht,
> wo sich die Straßen kreuzen beim Laden und dem Schmied,
> hört man, wie Espe zu der Espe spricht
> vom Regen, bevor das letzte Blatt vom Wipfel flieht.

Wir merken gleich, dass es hier nicht nur um eine möglichst präzise Schilderung der Situation geht, sondern um die Präsentation einer Allegorie. Die Espen sprechen miteinander, und sie sprechen über den Regen, ein Umstand, der sicherlich auf keiner botanischen Erkenntnis beruht, sondern auf einer Empfindung des Sprechers. Die Vermutung liegt nahe, dass das Gesprächsthema der Espen, der Regen, ein Symbol ist. Wenn dies so ist, so wissen wir an dieser Stelle allerdings noch nicht, was der Regen symbolisieren soll. Ein säuberndes Element, ein labendes, ein betrübliches oder betrübendes, Krankheit und Unglück vielleicht?

In den nächsten drei Strophen erfahren wir, dass das Wispern der Espen vom menschlichen Treiben nicht übertönt wird und dass es auch über die Nacht hinweg anhält und dann die stille Umgebung in einen gespenstischen Raum verwandelt. Mit diesen Informationen verdichtet sich beim Leser die Ahnung, dass der Regen, von dem die Bäume sprechen, nichts Angenehmes ist. Die letzten beiden Strophen schaffen dann endgültig den Kontext, der eine Deutung der Allegorie erlaubt:

> Auch nahe Häuser können diesen Lauf nicht stören.
> Gleich wie die Zeiten sind und wie die Wetter keimen,
> werden Espen drüber Blätter schütteln, und Menschen
> > hören,
> nicht immer lauschen, nicht mehr als meinen Reimen.

> Wie der Wind auch ist, wenn wir in Blättern stehen,
> kann ich wie sie nur Espe sein,
> mich sinnlos unentwegt im Gram ergehen.
> Es wird nicht anders mit anderen Bäumen sein.

In der vorletzten Strophe gibt sich der Sprecher als Dichter zu erkennen. Er vergleicht sich gleichzeitig mit den Espen, deren Äußerungen die Menschen vernehmen, denen sie aber nicht immer lauschen. Eine wunderbare Formulierung deutet an, was Espen und Dichter vom Treiben der Menschen halten: die Espen schütteln darüber die Blätter, ganz so wie ein Mensch über etwas, das ihm nicht ganz geheuer erscheint, den Kopf schüttelt.

Die letzte Strophe bestätigt definitiv die Gleichsetzung von Espen und dem Dichter-Sprecher. Auch über die Natur des Regens als Symbol werden wir aufgeklärt: der Sprecher ergeht sich, wie er sagt, sinnlos und unentwegt im Gram, so wie es auch die Espen tun. Was es genau ist, das ihn betrübt, erfahren wir nicht. Es mag in seiner Person liegen, es wird aber wohl auch seine Beziehungen zu den Mitmenschen betreffen, deren Gehabe er befremdlich findet und über die er, wie die Espen ihre Blätter, den Kopf schütteln muss. Die Formulierung „Auch nahe Häuser können diesen Lauf nicht stören" legt die Vermutung nahe, dass auch nahe stehende Personen nicht den Gram des Sprechers auflösen können. Schon in der ersten Strophe, besonders aber in der vorletzten, deutet uns der Sprecher an, dass das Wispern der Espen nicht nur eine vorübergehende Angelegenheit ist. Und so wie die Espen ihre Geräusche unentwegt und über die Jahre fortführen müssen, kann auch der Dichter-Sprecher nicht aus seiner Haut. Es bleibt ihm nichts, als weiterzumachen.

Espen ist ein außergewöhnlich elegant formuliertes und wohlklingendes Gedicht. Es ähnelt darin *Eschenbach*, ist aber sehr viel expliziter auf die Wesenszüge des Sprechers gemünzt, und diese Wesenszüge sind auch sehr viel problematischer. Trotzdem liest sich das Gedicht nicht wie ein Klagelied. Dies liegt zum einen an mehreren wunderschönen Formulierungen, zum anderen an der genialen selbst-ironischen Schlusszeile, welche dem Gedicht die Schwere und das Pathos nimmt.

Die Krähen wissen mehr: Tauwetter

Tauwetter (*Thaw*), ein Vierzeiler, offenbart die Begabung, die Edward Thomas für die kurze Form hatte. Und er demonstriert das Interesse des Dichters an den Erscheinungen der Natur und seine besondere Gabe, diese zu lesen und zu interpretieren. Die Krähen in ihren Nestern auf den Bäumen haben den Überblick. Lange vor uns sehen sie an zarten Anzeichen, dass der Frühling bevorsteht.

Over the land freckled with snow half-thawed
The speculating rooks at their nests cawed
And saw from elm-tops, delicate as flowers
    of grass,
What we below could not see, Winter pass.

Über dem Land, gesprenkelt mit Schnee, halb getaut,
krächzten aus Nestern spekulierende Krähen laut
und konnten, zart wie Blüten von Gras, von den Ulmen
    sehen,
was wir von unten nicht sahen, den Winter vergehen.

Die Sprache ist einfach, lediglich das Wort „spekulierend" ragt aus dem Text hervor. Dies ist sicher gewollt; denn es schlägt eine Verbindung zu menschlichem ökonomischem Denken. Der Ton ist breit und zögerlich, nicht so glatt und eingängig wie in *Eschenbach* und *Espen*. Das Gedicht will bedächtig gelesen werden.

Wenn die Liebe fehlt: Keine mehr als du

Richardson (1959) geht in seiner Arbeit über Thomas davon aus, dass das Gedicht *Keine mehr als du* (*No One So Much As You*) auf Helen Thomas, also Edwards Frau gemünzt ist. Helen Thomas selbst streitet dies ab und äußert die Vermutung, dass die Mutter von Edward gemeint war. Ein dritter Biograph ist sich sicher, dass Edward seinen Vater im Visier hatte, als er das Gedicht schrieb. Für keine dieser Meinungen gibt es schlüssige Belege. Wenigstens die letzte können wir jedoch mit großer Sicherheit ausschließen. Thomas schrieb kurz vor *Keine mehr als du* ein Gedicht, das durch den Titel *P.H.T.*, die Initialen seines Vaters, eindeutig als auf diesen zugeschnitten erkennbar ist. Dieses Gedicht drückt einen heftigen Widerwillen und keine Spur der Dankbarkeit aus, von der *Keine mehr als du* erfüllt ist.

    So interessant die Kenntnis einer Bezugsperson für die Einschätzung von Edward Thomas und seiner Beziehungen wäre, so hinderlich wäre sie für das Verständnis des Gedichts. Solange ein Dichter sich nicht explizit auf bestimmte Personen bezieht und sich nicht als sein eigener Sprecher offenbart, solange sollten wir davon ausgehen, dass Dichter und Sprecher zwei verschiedene Personen sind. Andernfalls würden wir uns bei Deutungsversuchen unnötig einengen.

Keine mehr als du handelt von einer unerwiderten Liebe aus der Sicht der nicht liebenden Person. Wir wollen sie N nennen. N lebt offensichtlich mit der liebenden Person (L) zusammen oder sieht sie zumindest sehr häufig. Schon in der ersten Strophe deutet N an, mit sich selbst nicht im Reinen zu sein. Das gestörte Selbstwertgefühl lastet N aber nicht L an. Sie weist vielmehr darauf hin, dass L sie trotz ihrer Defizite liebe:

> Keine liebt mehr als du
> was von mir bleibt,
> beklagte mehr als du
> was mein Leben vertreibt.

Es folgen drei Strophen, in denen N die Integrität und die Loyalität von L betont. Die folgende fünfte Strophe wirkt dann wie ein Schlag ins Gesicht, denn N offenbart, dass sie L trotz aller ihrer Tugenden nicht liebt:

> Blickt mein Auge in deines
> ist klar, was es spricht,
> ich bin nur Widerhall
> und liebe nicht.

Das Liebesungleichgewicht ist beiden Partnern bewusst, wird aber nicht offen ausgesprochen. Stattdessen ergehen sich die beiden in Nichtigkeiten, um das heikle Thema zu vermeiden (sechste Strophe):

> Wir blicken, verstehen,
> sprechen nicht aus,
> nur Nichtigkeiten,
> aus der Lähmung heraus.

In den Strophen sieben und acht beschreibt N, wie sehr sie diese Rolle der nur Nehmenden belastet. Schließlich, in den letzten beiden Strophen, offenbart N, schon manchmal überlegt zu haben, ob es nicht besser sei, die Beziehung zu beenden:

> bis es manchmal schien
> ich sollte mich trennen,
> dass dies besser wäre,
> als im Kreis zu rennen,
>
> nur aus Dankbarkeit,
> wo die Liebe nicht wohnt,
> eine Kiefer in Einsamkeit,
> auf der ein Taubennest thront.

Da N in der Vergangenheit spricht, können wir davon ausgehen, dass sie sich bis jetzt nicht dazu durchringen konnte, die Trennung zu vollziehen und dass sie auch zum Zeitpunkt der Aussage noch keinen diesbezüglichen Entschluss gefasst hat. Vielleicht hat sie sogar resigniert und sich mit der unbefriedigenden Situation abgefunden.

Die beiden letzten Zeilen des Gedichts kondensieren in einem mächtigen Bild den Eindruck von N über die Beziehung und die Rollen, welche die beiden Beteiligten darin spielen. Das Bild fasst jedoch nicht nur das zuvor Gesagte zusammen, sondern gibt zusätzliche Informationen. Die Taube, für ihr sanftes Wesen und als Friedensbringerin bekannt, nistet in einem Baum, der normalerweise keine Tauben beherbergt und der, wie wir wissen, ein stacheliges Grün besitzt. Darüber hinaus erfahren wir, dass dieser Baum einsam ist.

N, die sich im bildlichen Vergleich als stachelig bezeichnet, scheint keine unproblematische Person zu sein. Darauf sind wir im Übrigen schon in der ersten Strophe hingewiesen worden. Ob sie tatsächlich nur aus Dankbarkeit geblieben ist oder ob sie sich auch aus weniger edlen Gründen in der Fürsorge von L eingerichtet hat, wissen wir nicht. Genauso wenig wissen wir, ob N ihre Einsamkeit alleine der Beziehung mit L anlastet und sie, wenn dies der Fall wäre, damit Recht hätte. Es könnte auch an den Stacheln liegen.

Ausgewählte Literatur

Gedichtsammlungen

Keegan, Paul, ed.: *The Penguin Book of English Verse*. London: Penguin Classics, 2004

Lehman, David, ed.: *The Oxford Book of American Poetry*. Oxford, New York: Oxford University Press, 2006

Ricks, Christopher, ed.: *The Oxford Book of English Verse*. Oxford: Oxford University Press, 1999

A.E. Housman: *Collected Poems and Selected Prose*. Edited with an Introduction and Notes by Christopher Ricks. London: Allen Lane, The Penguin Press, 1988

A.E. Housman: *Die Shropshire-Lad-Gedichte*. Zweisprachig. Übersetzt, mit einer Einleitung und Anmerkungen von Hans Wipperfürth. Heidelberg: Mattes-Verlag, 2003

Englische und Amerikanische Dichtung. Zweisprachige Ausgabe. Dritter Band: von R. Browning bis Heaney. München: C.H. Beck, 2000

The Poems of Trumbull Stickney. Edited by George Cabot Lodge, William Vaughn Moody, and John Ellerton Lodge. Boston 1905

Whittle, Amberys R., ed.: *The Poems of Trumbull Stickney*. New York: Farrar, Straus and Giroux, 1972

Edward Thomas: *Collected Poems*. With a Foreword by Walter de la Mare. London: Selwyn and Blunt, 1920

Edward Thomas: *The Poems of Edward Thomas*. With an introduction by Peter Sacks. New York: Handsel Books, 2003

Sonstiges

Finch, Annie: *A Poet's Craft*. Ann Arbor: The University of Michigan Press, 2012

Kudryavtseva, Tamara: *Zur Rezeption der Gegenwartslyrik*, in KUNO, Kulturnotizen zu Kunst, Musik und Poesie, 14. Juli 2014.

Scholes, Robert: *Elements of Poetry*. New York: Oxford University Press, 1969

A.E. Housman. A Collection of Critical Essays. Edited by Christopher Ricks. Englewood Cliffs, N.J.: Prentice Hall, 1968

A.E. Housman. Comprehensive Research and Study Guide, edited and with an introduction by Harold Bloom. Philadelphia: Chelsea House Publishers, 2003

Murfin, Ross C.: *The Poetry of Trumbull Stickney: A Centennial Rediscovery*. The New England Quarterly, vol. 48, no. 4, 1975, pp. 540–555. *JSTOR*, www.jstor.org/stable/364637.

Brinton, Ian: *The Poetry of Edward Thomas*. English Association Bookmarks No. 35. The English Association, University of Leicester, UK, 2007

Longley, Edna: *England and Other Women*. London Review of Books. Vol. 10 No. 9, 5 May 1988

Richardson, John C.: *The Triumph of Earth: A Study of the Poetry of Edward Thomas*, Doctoral Dissertation, Boston University, 1959. Verfügbar unter http://open.bu.edu

Thomas, Helen with Myfanwy Thomas: *Under Storm's Wing*. Manchester: Carcanet, 1988

Verzeichnis der Gedichte

A.E. Housman (1859-1936)

Aus *A Shropshire Lad* (1896)

Aus *Last Poems* (1922)

Aus *More Poems* (1936)

Trumbull Stickney (1874-1904)

Edward Thomas (1878-1917)

Bücher von Frank Freimuth
bei tredition

Sara Teasdale: Schönes, stolzes Meer.
Gedichte, englisch-deutsch,
ins Deutsche übertragen und mit einem Nachwort
von Frank Freimuth
2018

Frank Freimuth: Aus meinem Garten.
Gedichte
2018

Wein aus Harlem.
Gedichte, englisch-deutsch,
von Countee Cullen, Georgia Douglas Johnson, Langston
Hughes und Claude McKay,
ausgewählt, übersetzt und mit Erläuterungen
versehen von Frank Freimuth
2018

Du musst zum Westtor gehen.
Gedichte, englisch-deutsch,
von Edwin Arlington Robinson,
ausgewählt, übersetzt und mit Anmerkungen
versehen von Frank Freimuth
2019

In Form geblieben.
Gedichte, englisch-deutsch,
von E.A. Housman, Trumbull Stickney, Edward Thomas,
ausgewählt, übersetzt und mit Erläuterungen
versehen von Frank Freimuth
2019

Zeitfracht Medien GmbH
Ferdinand-Jühlke-Straße 7
99095 Erfurt, Deutschland
produktsicherheit@kolibri360.de